아무것도 줄 수 없는 긍휼

아무것도 줄 수 없는 긍휼

이창우 지음

카리스
아카데미

아무것도 줄 수 없는 긍휼

2024년 4월 8일 초판 1쇄 발행

지은이 | 이창우

발행인 | 이창우
기획편집 | 이창우
표지 디자인 | 이창우
본문 디자인 | 류요한, 김문근
교정·교열 | 지혜령

펴낸곳 | 도서출판 카리스 아카데미
주소 | 세종시 시청대로 20 아마존타워 402호
전화 | 대표 (044)863-1404(한국 키르케고르 연구소)
편집부 | 010-4436-1404
팩스 | (044)863-1405
이메일 | truththeway@naver.com

출판등록 | 2019년 12월 31일 제 569-2019-000052호

"너희는 가서
내가 긍휼을 원하고 제사를 원하지
아니하노라 하신 뜻이 무엇인지 배우라.
나는 의인을 부르러 온 것이 아니요
죄인을 부르러 왔노라 하시니라."

마태복음 9장 13절

추천사

　이창우 목사님의 책 '아무것도 줄 수 없는 긍휼' 은 현대의 복잡다단한 세계에서 각자의 위치에서 겪는 내면의 싸움과 삶의 의미를 찾기 위한 여정을 조명합니다. 이는 단순히 시대를 반영하는 문서에 그치지 않고, 특히 젊은이들에게 있어 각자의 삶에서 겪는 진지한 탐구와 실존적 고뇌를 탐색하는 데 있어 소중한 이정표가 될 것입니다.

　이 책은 시대의 요청에 응답하는 것이며, 그 중에서도 젊은 세대에게 특별한 메시지를 전달합니다. 현대 사회가 직면한 무수한 도전과 갈등 속에서, 한국의 젊은 독자들에게 키르케고르의 깊이 있는 사유와 기독교 신앙의 근본에 대해 새로운 통찰을 제공합니다. '삶의 무게'와 '존재의 진정

성'을 탐색하고자 하는 모든 이들에게 이 책은 빛나는 지혜와 희망의 등불이 될 것입니다.

지금 이 시대에 '키르케고르의 대화'가 주는 영감은 우리 젊은이들에게 특히 절실합니다. 그들은 미래를 형성할 중요한 주체이며, 이 책을 통해 자신의 내면과 신앙에 대해 깊이 있는 성찰을 할 수 있을 것입니다. 본 연구소는 이 책이 우리 시대의 젊은이들에게 매우 필요하다고 확신합니다.

그러므로 이 책이 여러분의 손에 들어가는 그 순간부터, 여러분은 단순히 읽는 것을 넘어 삶을 새롭게 조명하는 여정의 일원이 됩니다. 여러분의 가슴속에 켜켜이 쌓인 의문과 갈증에 대해, 키르케고르는 그의 깊이 있는 사상을 통해 명쾌하고 실질적인 대답을 제시할 것입니다.

이 책을 통해 우리 젊은이들이 삶의 의미를 발견하고, 자신의 존재를 풍부하게 경험하는 여정을 시작할 수 있기를 기원합니다. 여러분의 풍요로운 영적 여정에 이 책이 든든한 동반자가 되길 바라며, 키르케고르 연구소는 이 작업에 깊은 자부심을 느낍니다.

오석환 목사_한국 키르케고르 연구소 소장

키르케고르는 2,000년 교회사에서 한두 번째 안에 꼽히는 예언자입니다. 하지만 독자의 입장에서 그가 가진 치명적 약점은 그의 심오한 가르침이 그 난해한 만연체 문장 때문에 지독히도 이해하기 어렵다는 점입니다. 더 나아가 그는 실존주의 철학자와 신정통주의 신학자로 알려져 일반 독자에게는 거의 외면되어 왔습니다. 이창우 목사는 이미 십수 년 전부터 키르케고르의 본명 저작, 가명 저작, 일기 등을 가장 이해하기 쉬운 한국어로 번역하여 제공하고 있습니다. 동시에 이 목사는 유튜브와 여러 소통 매체를 통하여 꾸준하게 자신이 받은 사명을 감당하고 있습니다. 카리스 아카데미와 부설 키르케고르 연구소는 이 목사와 함께

뜻과 힘을 모아 그 사역에 동참합니다. 이렇게 이 목사는 키르케고르의 치명적 약점을 거의 완전하게 보완하여 그 심오한 사상을 이해하기 쉬운 문체로 전달합니다. 그리하여 이 목사의 번역을 읽는 많은 한국어 독자는 키르케고르 혁명이 일어나는 한복판에 자신이 서 있음을 깨닫게 됩니다. 《아무것도 줄 수 없는 긍휼》은 키르케고르의 《사랑의 실천》 2부 7장을 이창우 목사가 먼저 먹고 소화하여 우리에게 다시 전해주는 영혼의 영양제입니다. "나는 아무것도 가진 것이 없기에 자선을 베풀 수 없고 그리하여 긍휼도 실천할 수 없다."라고 생각하는 단독자에게 이 책은 그 생각을 송두리째 바꾸도록 하는 전복적 사상을 전합니다. 독자는 이 책 어느 단어, 어느 문장도 어렵게 느끼지 않을 것입니다. 그만큼

이 목사의 어휘 선택과 문체는 명료합니다. 이 책 마지막 문장까지 다 읽은 후, 단독자는 예언자와 가장 신뢰할 만한 그의 해석자를 통하여 자신 안에 있는 주님의 긍휼을 깨달아 그것을 실천하게 됩니다.

최정인 목사_한국 키르케고르 연구소 이사

목차

프롤로그

기독교인으로서 우리는 '긍휼'이라는 단어를 특히 많이 접합니다. 일단 성경책에도 많이 나옵니다. 개역 개정판으로만 따져 보아도, 구약성경에서 82번, 신약성경에서 43번, 합하여 총 125번 등장합니다. 국어사전에는 '긍휼', 혹은 '긍휼하다'라는 단어를 무엇이라고 정의하고 있는지 확인해 볼까요? 어원으로 따지면 명사형인 '긍휼'이 어원인데, '불쌍히 여겨 돌보아 줌'이라는 뜻이며, '긍휼하다'라는 동사형 역시 '불쌍히 여겨 돌보아 주다'라는 뜻입니다. 성경의 어원을 따질 때 우리가 히브리어와 헬라어를 언급하는 것은 본문에서 따로 다룰 것이기 때문에, 서문에서는 긍휼이라는 단어의 한자어 뜻만 간단히 살펴보더라도, 불쌍히 여길 긍(矜)과 불쌍할 휼(恤)의 조합입니다. 특별히 휼(恤)의 한자는 '심장'과 '피'의 결합으로 되어 있습니다. 이런 마음은 사람들

사이에서도 적용되지만, 그 근원은 부인할 수 없이 하나님의 사랑입니다. 예수님께서 인간에게 육신으로 친히 오셔서 긍휼을 실천하신 모범에 관한 이야기를, 2000년이나 지난 지금도 많은 사람이 말하고 있습니다. 더욱이 크리스천이라면 누구나 이러한 긍휼을 실천하며 주님을 닮도록 노력해야 한다고 특히 교회 안에서 가르칩니다. 하지만 그동안 제가 생각해 오기에는, 이러한 가르침 안에서조차도 우리가 반드시 알아야 할 정작 중요한 내용은 빠져 있었습니다. 이 긍휼이란 주제는 그동안 너무 많이 다루어져 왔기에, 이제는 너무 흔하다 못해 싫증 나기까지 하는 주제라고도 여러분이 여기실 수도 있습니다. 그런데도 저는 이 책을 통해 긍휼에 관한 새로운 관점을 이 시대에 제시해 드리려고 합니다. 비록 흔한 단어이고 많이 되풀이된 주제라고 하지만, 긍휼이야말로 예수님의 마음을 가장 잘 표현한 단어라고 저는 생각하기 때문입니다. 지금까지 언제나 모든 세대에서 가장 중요한 마음이었고 또한 마땅히 그랬어야 했던 긍휼, 이 긍휼이야말로 이 사랑 없는 마지막 시대에, 단 하나 남은 가장 중요한 마음이라고 생각합니다. 따라서 주님께서 우리에게 보여주신 모범을 이 마지막 시대에 실천하고자 하는 소망과 소명을 여러분에게 불러일으켜야 한다는 책임감이 제게 있습니다. 이 또한 주님께서 제게 허락하신 사명이요 한편 은사라고 생각합니다.

긍휼을 다루는 논제 가운데 가장 중요하며 또한 가장 급한 논제가 빠져 있다고 제가 생각해 왔던 점은 바로 이것입니다. 즉, 교회가 <u>긍휼을 말할 때, 오직 가진 자, 부유한 자만 베풀 수 있는 것처럼 말하고 있습니다.</u> 이것이야말로 긍휼에 관해 가장 심각한 오해와 그에 따른 잘못된 행동을 우리 시대에 불러왔다고 생각합니다. 바꿔 말한다면, **가난한 자 혹은 아무것도 가지지 못한 자는, 다른 사람에게 줄 것이 없 으므로 긍휼할 수 없다는 것인가요?** 지금까지 많은 설교자 가 강단에서 선포했고, 또한 많은 학자가 펴낸 그 많은 논문 과 책에서 말하고 있는 긍휼이란, 오직 가진 자만이 실천할 수 있는 긍휼입니다. 가진 자 되지 못한 그저 평범하거나 혹 은 형편이 어려운 '우리'는 긍휼할 수 없습니까? 교회에서는 심지어 선교 사역에서조차도 같은 논리를 적용해 왔습니다. 문명이 먼저 발달하고 국부를 축적해 온 부자 나라가 미개 하고 가난한 나라를 향해 긍휼한 마음을 품고 물질적으로 베푸는 것이 당연하여서 부자 나라에서 파송한 선교사가 가난한 나라의 기본적인 의식주부터 경제, 교육, 사회, 문화

전반에 걸쳐 일깨우고 도움을 주어야 한다는 논리 말입니다. 두말할 것 없이, 이것은 지금까지 전 세계적으로 기독교를 전파하는 데 있어 가장 훌륭한 방법론과 결과가 되어 왔습니다. 그러나 지금 복음을 '전함 받았던' 수많은 나라의 모습은 어떻습니까? 혹시 이 문제에 관해 생각해 보신 부분이 있습니까?

다음으로 문제가 있다고 제가 생각했던 부분은, 긍휼과 자선을 교회부터 혼동하고 있다는 것입니다. 긍휼과 자선은 분명히 전혀 다른 가치인데도 사람들과 교회가 계속 혼동하여 사용한다면, 기독교의 지위는 사회에 시혜나 자선을 베푸는 복지 기관 정도로 추락하고 말 것입니다. 어쩌면 이미 그 '이하'의 의미가 있는 곳으로 추락하고 만 것은 아닐까요? 기독교와 교회가, 말뜻 그대로 사랑과 착함과 은혜를 사회에 필요한 곳에 베푸는 것이 나쁘고 잘못된 일이라는 말을 하려는 것이 아님을 아시겠지요? 그렇지만, 그럴수록 기독교와 교회는 오히려 더욱 복음이라는 본질에 집중해야 하는 것이 아닐까요? 여러분은 이것을 어떻게 생각하시는 지요? 자선과 복지 사업이라는 것은 교회보다는 오히려 정부와 기업이 갈수록 더 잘하고 있습니다. 왜냐하면 그들이야말로 실제로 교회보다 더 '많이 가졌기' 때문입니다.

그렇다면, 이러한 사회 현상을 이 시점에서 한 번 거꾸로 생각해 보자면, **'긍휼 없는 자선'**도 가능할 것 같습니다. 또 그동안 '이것'을 베풀어 온 것은 아니었는지 말할 수도 있지 않을까요? 긍휼 없는 자선의 행위가 동정심을 낳았고, 이 동정심이 가난한 자들 혹은 비참한 자들의 영혼에 오히려 섣불리 상처를 주었을 가능성도 있는 것은 아닐까요? 한 예를 들어보겠습니다. 저는 어차피 이 논제에 타당한 근거를 들면서 독자 여러분을 긍휼에 관한 새로운 관점으로 끌어들이고자 설득해야 하는 책임을 지기로 시작한 상태이니, 조금 억지스럽다는 생각이 들더라도 한 번 같이 생각을 나눠주시면 감사하겠습니다. 사람들에게 동정받는 상태로 태어날 만큼 비참한 운명을 간직하고 세상에 온 사람들도 있습니다. 이 사람들은 일반적인 사람들처럼 평범한 삶을 살지 못합니다. 나 자신이 이런 상황이라고 한 번 가정해 보자면, 내가 겪는 그 <u>모든 고통 가운데, 남에게 동정의 대상이 되는 것보다 더 끔찍한 고통은 없지는 않나요? 그 어떤 것도 그 정도로, 내가 하나님께 반항하도록 유혹하는 것은 없을 것이라고 제가 한 번 감히 생각해 보는 것인데요,</u>[1] 여러

1   1847년 키르케고르의 일기. *NB* 2:53, *Pap.* VIII1 A 161, 1847

분의 생각은 어떠신가요? 예수님께서 하셨던 것처럼, 가장 낮은 곳, 가장 고통 당하는 바로 그 자리에서 나의 고통을 함께 나누지 못한다면, 어느 누가, 어떻게, 어떤 방법으로 과연 이런 나를 위로해 줄 수 있겠습니까?

이런 '거꾸로'의 관점에서 볼 때, '자선이나 어떤 다른 행위 없는 긍휼'의 실천 또한 가능한 것이라고 제가 한 번 생

각해 보았습니다. 그래서 지금부터 여러분에게 **'자선 없는 긍휼'**에 관해 말씀드리고자 합니다. 바로 이 책의 제목이기도 한, "아무것도 줄 수 없는 긍휼"입니다. 이 긍휼이야말로 어쩌면 더욱 완전한 형태의 긍휼임에도 불구하고 이 세계와 이 세대의 기독교에 심각하게 생략되는 바람에, 누군가 실천할 수 있도록 안내할 최소한의 지침조차 없다고 생각했습니다. 그래서 제가 이 책을 통해 여러분에게 긍휼을 다시 소개하고자 하는 것입니다. 긍휼의 본질을 집대성하고자 하는 거창한 목표를 두고 쓴 책은 절대로 아닙니다. 지금까지 생략되었고 잊혀온 하나의 관점을 소개하기 위함일 뿐입니다. 따라서 긍휼에 관해 어떤 학문적인, 특히 신학적인 면에서의 논의를 원하는 독자가 한 분이라도 계신다면, 안타깝지만 이 책은 그런 논의에는 적합하지도, 충분하지도 않다는 말씀으로 미리 독자 여러분의 양해를 구합니다. 그러나 제가 이것을 시작하는 것만으로도 학문적인 논의를 위한 담론은 충분히 형성할 수 있다고 생각합니다. 이 책에서 핵심적으로 다루게 되는 내용은, 키르케고르의 작품《사랑의 역사》 2부 7장에서 가져온 것을 밝힙니다. 여러분 중에서 이 내용과 관련해 더 깊고 넓은 공부를 원하는 분이 생긴다면 이 작품을 보시기를 추천해 드립니다.

물질이 있는 곳, 재물이 있는 곳은 시끄럽습니다. 그래서 이것이 긍휼을 품은 진정한 자선인지 혹은 알맹이가 빠진 다만 행위에만 불과한 것인지, 헷갈릴 때가 많습니다. 하나는 영원에 존재하는 가치이고 다른 하나는 시간에 존재하는 가치이기 때문에 이 둘은 절대로 섞일 수 없음에도, 이 세상과 심지어는 기독교 안에서도 두 가지가 혼합될 때 사람들에게 혼란을 주게 됩니다. 파문, 즉 수면에 이는 물결을 보고자 하는 자는 폭포에 가지 않습니다. 왜냐하면 거기는 이미 너무 시끄럽기 때문입니다. 폭포가 아닌 조용한 호숫가에서만 그 조용한 물결을 볼 수 있듯이, 진정한 긍휼을 보고자 하는 사람이 있다면 재물이 없는 곳으로 가십시오. 오직 그곳에서만 참다운 긍휼을 보게 될 것이기 때문입니다.

예수님은 단지 보여주기로 기적을 베풀지 않으셨습니다. 사람들을 '심장과 피로부터' 불쌍히 여기심으로 기적을 행하셨고, 심지어는 십자가에 달리신 예수님을 조롱하고 비웃던 원수들에게도 긍휼하셨습니다. 상한 갈대라도 꺾지 않으시고 꺼져가는 등불의 심지조차도 끄지 않으시는 분(마 12:20). 이분이 바로 우리 예수님이시라는 것을 여러분도 아시지요?

이 책을 읽는 모든 분께서, 우리를 사랑하시되 끝까지 사랑하시는 주님의 긍휼을 깊이 생각해 보며, 또한 나도 그 사랑을 실천할 수 있는 계기로 삼으실 수 있기를 주님의 이름으로 축복합니다.

2024년 3월 22일
아름다운 금강 줄기가 가깝게 보이는
키르케고르 연구소에서
이창우 드림

1

누가 불쌍한 자인가?

말씀: 고전15:12~19

그리스도께서 죽은 자 가운데서 다시 살아나셨다가 전파 되었거늘 너희 중에서 어떤 사람들은 어찌하 여 죽은 자 가운데서 부활이 없다 하느 냐? 만일 죽은 자의 부활이 없 으면 그리스도도 다시 살아 나지 못하셨으리라. 그리스 도께서 만일 다시 살아나지 못하셨으면 우리가 전파하는 것도 헛것 이요 또 너희 믿음도 헛것이며, 또 우리가 하나님의 거짓 증인 으로 발견되리니 우리가 하나님이 그리스도를 다시 살리셨다고 증언하였음이라 만일 죽은 자가 다시 살아나는 일이 없으면 하나님이 그리스도를 다시 살리지 아니하셨으리라. 만일 죽은 자가 다시 살아나는 일이 없으면 그리스도도 다시 살아나신 일이 없었을 터이요. 그리스도께서 다시 살아나신 일이 없으면 너희의 믿음도 헛되고 너희가 여전히 죄 가운데 있을 것이요. 또한 그리스도 안에서 잠자는 자도 망하였으리니, 만일 그리스도 안에서 우리가 바라는 것이 다만 이 세상의 삶뿐이면 모든 사람 가운데 우리가 더욱 불쌍한 자이리라.

이 세상에는 불쌍한 사람들이 많이 있습니다. 제가 이 책을 쓰고 있는 지금 2024년에도, 지속되어 온 각 나라 안의 크고 작은 내전 및 이스라엘과 하마스, 우크라이나와 러시아 간 전쟁으로 인해 수많은 사망자가 있고, 부모를 잃은 고아도 있으며, 불행하게도 장애를 갖는 사람들도 생겨나고 있습니다. 어디 이뿐입니까? 국내에도 비극적인 소식은 끊이지 않고 있습니다. 경제적으로 혹은 건강 등의 문제로 어렵게 살다가 결국에는 가족과 함께 목숨을 끊은 사람들의 이야기가 있는가 하면, 수만 가지 사연을 가진 전 세계의 불행한 사건 사고 때문에라도 뉴스는 끊이지 않으며 세상에 알려지지 못한 일들도 어쩌면 더욱 많을 것입니다. 세상에 불쌍한 사람들을 다 나열하겠다고 한다면, 저는 아마도 이 책을 끝낼 수 없을 것입니다.

그렇다면, 누가 가장 불쌍한 사람일까요?

고린도전서에서, 사도 바울은 이상한 이야기를 하고 있습니다. 한마디로 요약해서, 예수님의 부활이 없다면 이 세상의 어떤 사람보다 크리스천이 가장 불쌍한 자라는 것입니다. 앞에 인용한 고린도전서 본문에서 죽은 자의 부활이 없다면, 그리스도도 다시 살지 않았다고 말합니다. 그리스도의 부활이 없었다면, 믿음도 헛되고 우리도 여전히 죄 가운데 있을 것입니다. 왜 그럴까요? 우리가 구원받은 것은 '죄'로부터 구원을 받은 것이고, 죄가 사함을 받는 것이기 때문입니다. 즉, 예수님께서 죽으셨다가 다시 사신 이유도, 우리의 죄 문제를 해결하기 위한 것이었습니다. 따라서 예수님의 부활이 없다면, 가장 치명적으로 문제가 되는 것은 우리의 믿음이요, 죄요, 죄의 용서입니다. 이것은 말 그대로 치명적인 오류이고 결함입니다. 하지만 예수님께서는 부활하셨습니다!

예수님의 부활 덕분에, 붙들 수 있는 희망이 우리에게 생겼습니다. 예수 그리스도의 제자 된 삶을 살고자 하는 사람들은 우리의 주인 되신 예수님과 비슷한 처지에 놓일 수밖에 없습니다. 우리가 아무리 이 세상에서는 비참한 삶을 살더라도, 그런 삶을 살면서도 세상에서 사람들을 사랑하고, 혹은 또 그들에게 버림받는다 해도, 우리는 절대 불쌍한 사람들이 아닙니다. 왜냐하면 주님께서 부활하신 것처럼 우리도 장차 부활할 것이기 때문입니다.

이런 논의를 더 구체화하기 위해, 누구나 잘 알 만한 이야기인 빅토르 위고의 소설 레 미제라블(장발장)을 살펴보고자 합니다. 소설의 제목이 "레 미제라블"입니다. 즉, 프랑스어로 "불쌍한 사람들"이라는 뜻입니다.

이 소설의 인물 중에 누가 불쌍한 사람일까요?

겨우 빵 한 조각 때문에 19년 동안이나 감옥살이해야 했던 주인공 장발장이 불쌍한 사람일까요, 엄마를 잃게 된 후에 낯선 사람인 장발장의 손에 커야 했던 코제트일까요? 아니면, 장발장을 체포하기 위해 끝까지 추적했던 자베르일까요?

이런 질문에 대답을 드려보고자 합니다. 먼저, 이 소설의 작가인 빅토르 위고는 1851년 프랑스 혁명 기간에 나폴레옹 3세가 일으킨 쿠데타에 반발한 혐의로 그만 국외로 추방을 당하게 됩니다. 그는 벨기에를 거쳐 영국해협의 저지섬과 건지섬을 전전하는 등, 거의 19년에 걸친 길고 긴 망명 생활을 합니다. 이토록 거칠고 힘들었던 망명 생활이 다른 한편으로는 위고 자기 삶 가운데 결실을 가져오기도 했는데, 그간의 여러 가지 상황들에서 벗어나 오직 창작활동에만 전념할 수 있었던 시기가 바로 이때였기 때문입니다. 위고가 망명 기간에 쓴 대표적인 소설 가운데 하나가 바로 이 《레 미제라블》(Les Miserables,1862)이었습니다.

소설의 주인공인 장발장도 19년 동안 감옥살이를 했고, 작가인 빅토르 위고도 19년간 도망자 생활을 했습니다. 그런데 그런 작가가 자기 소설의 주인공인 장발장을 불쌍한 사람으로 과연 생각했을까요? 여러분은 누가 진정으로 불쌍한 사람이며 그렇다면 그 사람은 왜 불쌍한 사람이라고 생각하시는지요? 그러나 그보다 먼저, 우리가 이 소설의 갈등 구조를 파악하지 못한다면, 불쌍한 사람이 누구이진 분명하게 추적할 수 없을 것 같습니다. 대표적인 인물 중심으로 요약하자면 이 소설은 다음과 같은 갈등 구조로 되어 있습다.

사회

사회 제도에 대한 갈등

자베르

장발장을 쫓는 자

마리우스

장발장이 구한 자

장발장
신분을 밝힐지 갈등
(내면의 갈등)

코제트

장발장이 보호하는 사람

테나르디에

장발장과 적대적인 사람

여기에서 우리가 초점을 맞춰야 할 인물은 장발장과 자베르입니다. 장발장은 굶주리는 조카들을 위해 빵 한 덩어리를 훔친 일을 계기로 19년이나 감옥에서 살았습니다. 미움과 분노의 시선으로 세상을 바라보며 복수를 꿈꾸어 왔지만, 자신에게 어떤 편견도 갖지 않고 조건 없이 사랑을 베푼 한 신부를 통해 진정한 사랑과 용서를 배우게 됩니다. 이

후에는 장발장도 그토록 증오했던 세상에 사랑과 용서를 베풀며 새로운 삶을 살게 됩니다. 한편, 자베르는 원리와 원칙, 정의 구현을 인생에서 가장 중요하게 생각하는 사람입니다. 형을 다 살고 출소한 장발장에게 계속해서 범죄자의 프레임을 씌우며, 무슨 일마다 그를 의심하고 쫓아다니다가 결국 장발장을 다시 감옥에 보냅니다. 하지만 자기가 체포하기 위해 평생 쫓아다녔던 그 장발장이 자신을 구해주자, 정신적으로 큰 충격에 빠집니다. 이 일로 인해 결국에는 자기 안의 모순을 스스로 견딜 수 없게 되고 끝내 자살로 생을 마감합니다. 어쩌면 이 시점에서 벌써 결론을 내리신 분이 있을지도 모르지만, 누가 가장 불쌍한 사람인지 결론짓는 것은 좀 더 나중으로 미루고, 다른 관점으로 이 소설을 더 살펴볼 수 있는 질문 몇 가지를 여러분에게 드리고자 합니다.

장발장과 자베르는 왜 쫓고 쫓기는 자가 되어 갈등하게 되었을까요?

먼저 장발장의 처지에서 보자면, 전과자인 자신의 신분을 감추고 살아가야 했기 때문입니다. 개과천선하여 나중에 시장이 되었지만, 그 이후로도 그는 **다른 사람을 속인 채** 살아갈 수밖에 없습니다. 장발장이 늘 쫓기는 삶을 살 수밖에 없었던 까닭입니다. 자베르는 어떻습니까? 그는 형사이기 때문에, 무엇보다 '법'을 지키는 것이 자기 삶에 있어 가장 최고의 가치이자 의무가 됩니다. 게다가 19년이라는 긴 세월을 감옥에서 살아온 장발장이라는 인물은, 자베르가 생각하기에 법과 정의와 선이 실현되어야 하는 이 사회에서 무조건, 영구적으로 분리해야만 하는 엄청난 흉악범인 것입니다. 다시 말하면, 장발장은 법에 저항하는 자이고, 자베르는 법을 지키는 자입니다.

'법'하면 떠오르는 가장 먼저 떠오르는 유명한 인물이 있지 않습니까? 저는 소크라테스가 생각나는데, 여러분의 생각은 어떠신가요? 소크라테스는 "악법도 법이다."라고 말하며 법의 심판에 따라 독배를 마시고 죽었는데요, 장발장도 소크라테스처럼, 바로 이런 '악법'에 저항한 사람이라고 생각합니다.

그렇다면 이 두 사람 중에 누가 법에 더욱 강력하게 저항한 사람일까요? 소크라테스입니까, 장발장입니까?

수많은 전문가가 오랜 세월에 걸쳐 법을 세우고 끊임없이 갈고 닦아온 요즘 이 세대에도 악법이 많이 있다고, 여러분은 생각하지 않으시나요? 남아 있는 악법들을 바꾸기 위해 국회에서 많은 노력을 하는 것도 우리가 보고 있습니다. 장발장은 악법과 싸우기 위해 '범법'을 하는 자처럼 보이지만, 소크라테스는 얼핏 보기에는 악법임에도 저항하지 않았던 것처럼 보입니다. 그러나 소크라테스의 죽음을 면밀히 다시 한번 살펴봅시다. 악법을 향해 감히 저항해 보지도 못하고 그저 비겁하게 죄인의 신분으로 죽임을 당한 것이 아니고, 오히려 소크라테스는 떳떳하게, 당당하게 죽음을 스스로 선택한 것은 아니었을까요? <u>의로운 자를 죽음으로 내모는 법이 얼마나 악한 법인지를 온 세상에 폭로하려고 일부러 죽음을 선택한 것 같습니다.</u> 이런 관점에서 본다면, 두 사람 중에 누가 더욱 강력하게 법에 저항한 것 같습니까?

장발장이 자베르를 구해주었을 때, 도움받은 자베르의 마음은 어땠을까요? 다음은 소설에 나오는 대화를 인용한 것입니다.

"자, 어서 날 죽여라."

장발장은 입을 꾹 다문 채 자베르에게 다가가 자베르의 손을 묶고 있던 밧줄을 칼로 끊고 말했다.

"자, 이제 당신은 자유의 몸이오. 어디든 마음대로 가시오."

자베르는 뒤통수를 맞은 듯 아무 말도 할 수 없었다.

"빨리 가는 게 좋을 거요. 나는 살아서 여길 빠져나갈 수 있을 것 같지 않소…"

자베르는 머리를 쥐어뜯으며 말했다.

"네 도움으로 살아날 수 없어! 어서 날 죽여라!"

"어서 가시오. 사람들이 오고 있소!"

자베르는 모든 것을 포기한 사람처럼 모퉁이를 돌아갔다.[1]

지금까지 소설의 이야기를 요약한다면, 아마 다음과 같았을 것입니다. 장발장은 아마도 무고한 목숨을 죽일 수는 없다고 생각했을 것입니다. 자베르가 괴로워한 까닭은 자신은 장발장을 체포해야 하는 의무가 있는 형사인데, 범인인 그에게 목숨을 빚지면 다시는 장발장을 체포할 수 없다고

1 빅토르 위고, 《장발장》 신윤덕 역 (서울: 삼성출판사, 2013), 197-8.

자베르가 장발장을 체포할 기회가 있었지만 살려주고 자살한 이유는 무엇일까요?

자베르는 마음이 몹시 괴로웠습니다. 형사로서 할 수 있는 모든 최선을 다하며 지금까지 살아온 사람이었습니다. 죄인을 사랑하는 것은 말할 것도 없고, 죄인을 용서한다는 것조차 생각할 수도 없는 일이었는데, 지금까지 자신이 오직 죄인이라고만 여겨 왔던 그 장발장에게 자기의 목숨을 빚지고, 심지어는 그에게서 용서와 사랑까지도 배우게 된 것입니다. 자베르는 그만 장발장을 용서하고 싶었을지도 모릅니다. 그러나 형사인 자신을 생각할 때, 자신은 죄인을 절대 용서할 수 없습니다. 해서는 안 되는 것입니다. 앞에 남은 또 한 번의 최선은, 눈앞의 장발장을 체포하는 일뿐입니다. 소설 속 자베르의 독백입니다.

"법을 지키는 형사로서 장발장을 체포해야 하는가? 그를 용서해야 하는가…"

그는 해가 지도록 강물만 바라보고 있었다. 주위는 어느새 어두워졌다. 자베르는 모자를 벗어 강물에 휙 던졌다. 그러더니 잠시 후 난간 위로 올라가 강으로 뛰어들었다. 그의 몸은 그대로 강물 속으로 사라졌다.[2]

여기서 잠깐, 우리는 자베르가 가졌던 내적 갈등의 본질이 과연 무엇인지를 생각해 볼 필요가 있습니다. 자베르의 내적 갈등은 정확히 무엇이라 생각합니까? 네, 맞습니다. 바로 법과 양심 사이의 갈등입니다. 그러나 이와 같은 갈등은 장발장 또한 했습니다. 그는 굶주리는 가엾은 조카들을 위해 빵 한 덩어리를 훔쳤습니다. 자베르는 법과 양심 사이에서 갈등하다가 결국에는 이것도 저것도 아닌 회색 지대로써 자살을 선택했던 반면, 장발장은 사람의 생명을 지킬 것을 선택하고 빵을 훔쳤으며, 이러한 악법에 저항하기 위해 감

2 Ibid., 209-10.

옥살이 도중에도 여러 차례 탈옥을 시도하다가 19년이라는 말도 안 되는 세월 동안 감옥에 갇혀 있었던 것입니다.

그런데도 장발장을 나쁜 사람이라고 생각할 근거도 있지 않습니까?

다음에 나오는 이야기는 미국의 교육심리학자 로렌스 콜버그가 제안한 도덕성 발달단계 예시 중, 하인츠의 딜레마 상황입니다.

하인츠라고 하는 사람이 있는데, 그 사람의 아내가 정말 희귀한 암을 앓아 거의 죽어가고 있었다. 부인의 병을 치료하는 데는 오직 한 가지 약밖에 없는 것으로 알려져 있었다. 이 약은 같은 마을에 사는 어느 약사가 최근에 발명한 라듐 종류의 약이었다. 약의 원가도 무척이나 비싼 200달러나 되었는데, 약사는 원가도 가뜩이나 비싼 약인데도 그 원가의 10배나 되는 가격으로 하인츠에게 약값을 요구하였다. 병든 부인의 남편인 하인즈는 약값 2,000달러를 구하기 위해 아는 사람들을 모두 찾아다녔으나 약값의 절반밖에 안 되는 금액인 1,000달러밖에는 마련하지 못했다. 할 수 없이 하인츠는 그 약사에게 가서 자기 부인이 죽어가고 있다고 설명하고 그 약을 1,000달러라도 받고 팔거나, 아니면 외상으로라도 자기에게 주면 다음에 그 돈을 갚겠다고 간청했다. 그러나 그 약사는 "안 됩니다. 그 약은 내가 발명한 약인데, 나는 그 약으로 돈을 벌어야 합니다."라고 대답했다. 절망에 빠진 하인츠는 결국 약방을 부수고 들어가서 자기 부인을 위하여 그 약을 훔쳐내었다.[3]

일반적인 많은 상황에서는 대체로 법과 양심이 충돌하지는 않습니다. 그러나 아주 특별하고 결정적인 상황에서는 법과 양심이 충돌할 수 있습니다. 그때 당신은 어떤 선택을 할까요? 당신이 만일 하인츠였다면 어떤 선택을 할 건가요? 콜버그는 도덕성 발달 단계를 총 6단계로 나누었고 이 이야기를 통해 맨 마지막 단계인 6단계의 도덕성에 관해 질문을

3   이성진 외 2인, 『교육과 심리』 (서울: 한국방송대학교출판부, 1996), 111쪽.

던집니다. 이 마지막 6단계는 소수의 사람만이 도달할 수 있는 단계인데, 법이나 관습보다 더 중요한 것은 인간의 생명이라는 가치가 자리 잡은 상태입니다. 이때 만일 죽어가는 환자가 사랑하는 내 가족 중 누군가가 아니라, 당신과 일면식도 없고 전혀 상관도 없는 어떤 사람이라면, 그래도 당신은 그 사람의 목숨을 구하기 위해 약을 훔칠 것인가? 만일 이 질문에 "예"라고 답변한다면, 그리고 정말로 그것을 실천한다면 이것이 도덕성의 마지막 단계에 도달한 사람의 상태라고 하였습니다. 먼 길을 돌아 다시 오늘 본문 말씀으로 돌아옵니다.

여러분은 누가 가장 불쌍한 자라고 생각합니까?

힘들고 고단하고 불행한 삶의 연속 가운데 누구보다 세상을 증오하고 복수를 꿈꿔 왔던 사람이었지만, 그래도 결국에는 진정으로 사랑하는 법을 배우고 용서와 사랑을 삶 가운데 베풀며 살게 된 장발장이 불쌍한 사람입니까? 아니 면 용서와 사랑이 무엇인지도 깨닫지 못한 채, 인생에서 가 장 중요한 것이 무엇인지 알고 싶지도 않고 새로운 삶을 살 고 싶지도 않았던 때문인지, 어찌 되었든 결국에는 자기 자 신을 죽이는 일을 선택했던 자베르가 불쌍한 사람입니까?

믿는 자는 부활을 믿습니다. 부활은 증명할 수 없습니 다. 믿는 자는 예수님의 부활을 믿어야 하며, 죽은 자의 부 활을 믿어야 합니다. 믿는 자가 용서를 실천할 수 있는 이유 는, 자신이 죄에서 용서받은 자라고 믿기 때문입니다. 죄로 부터 구원받았음을 믿기 때문입니다. 용서를 모르는 사람,

주님의 이 큰 사랑을 모르는 사람, 그래서 용서를 실천할 줄도 모르고, 설사 나의 선택이라 할지라도 죽으면 그저 이 세상은 끝이라 생각하고 결국 자살이라는 선택지를 고른 자베르! 이 세상에서 진짜 불쌍한 사람은 과연 누구인가요?

위의 그림은 영화《레 미제라블》의 한 장면입니다. 이 영화의 마지막 부분을 보면, 죽은 자들의 세상에서 민중의 노래가 울려 퍼집니다. 혹시 아직 이 영화를 못 보신 분 중에서, 기회가 된다면 꼭 이 영화의 끝 장면은 한 번만이라도 꼭 보시기를 추천해 드립니다. 민중의 노래가 나올 때 신부님과 팡틴이 장발장을 마중하러 나옵니다. 신부는 장발장에게 용서와 사랑을 몸소 보여 알게 해 준 인물이었고, 팡틴은 이름조차 없던 고아 출신의 여공으로 일생 비참했을 뿐만 아니라, 그 삶의 마지막조차도 비극적으로 끝났던 극중 인물입니다. 노래가 계속 울려 퍼지는 동안, 이 세상에서 불쌍하게 살았던 사람들이 등장합니다. 그들 중에는 프랑스 혁명 당시 싸우다 죽은 사람들도 있었습니다. 이 사람들 모두 세상에서는 '불쌍한 사람들'이었습니다. 그런데도 영화 끝 장면 속 죽은 자들의 세상에 의외로 끝까지 등장하지 않는 인물이 있습니다. 바로 그 사람, 천국에서 보이지 않는 그 사람, 혹시 이 사람이야말로 가장 불쌍한 사람은 아닐까요? 그는 과연 누구라고 생각하십니까?

진짜 불쌍한 사람은 천국을 상실한 자이다.

진짜 불쌍한 사람은

용서를 깨닫고 실천한 장발장이 아니라,

용서를 모르고 자살한 자베르다.

2
너도 이와 같이 하라

말씀: 눅10:25~37

어떤 율법교사가 일어나 예수를 시험하여 이르되 선생님 내가 무엇을 하여야 영생을 얻으리이까? 예수께서 이르시되 율법에 무엇이라 기록되었으며 네가 어떻게 읽느냐? 대답하여 이르되 네 마음을 다하며 목숨을 다하며 힘을 다하며 뜻을 다하여 주 너의 하나님을 사랑하고 또한 네 이웃을 네 자신 같이 사랑하라 하였나이다. 예수께서 이르시되 네 대답이 옳도다 이를 행하라 그러면 살리라 하시니, 그 사람이 자기를 옳게 보이려고 예수께 여짜오되 그러면 내 이웃이 누구니이까? 예수께서 대답하여 이르시되 어떤 사람이 예루살렘에서 여리고로 내려가다가 강도를 만나매 강도들이 그 옷을 벗기고 때려 거의

죽은 것을 버리고 갔더라. 마침 한 제사장이 그 길로 내려가다

가 그를 보고 피하여 지나가고 또 이와 같이 한 레위인도 그 곳

에 이르러 그를 보고 피하여 지나가되, 어떤 사마리아 사람은

여행하는 중 거기 이르러 그를 보고 불쌍히 여겨 가까이 가서

기름과 포도주를 그 상처에 붓고 싸매

고 자기 짐승에 태워 주막으로 데

리고 가서 돌보아 주니라. 그 이튿

날 그가 주막 주인에게 데

나리온 둘을 내어 주며

이르되 이 사람을 돌보아

주라. 비용이 더 들면 내가 돌아

올 때에 갚으리라 하였으니, 네 생각에는 이 세 사람 중에 누가

강도 만난 자의 이웃이 되겠느냐? 이르되 자비를 베푼 자니이

다 예수께서 이르시되 가서 너도 이와 같이 하라 하시니라.

본문은 어떤 율법 교사가 예수를 '시험'하기 위해 "내가 무엇을 하여야 영생을 얻습니까?"라고 물어봤다고 말합니다. 즉, 이 율법 교사는 정말 궁금했거나 혹은 어떤 선한 의도를 갖고 물어본 것이 아니라, 주님을 궁지에 몰아넣기 위해 물어봤다는 것이지요. 예수님은 이 질문에는 대답하지 않으시고, 오히려 그 질문을 다시 질문으로 되받아치셨습니다.

"율법에 무엇이라 기록되었으며, 네가 어떻게 읽느냐?"

먼저 질문한 사람은 율법 교사이지만, 상황은 역전되어 질문했던 자가 다시 대답해야 했습니다. "네 마음을 다하며 목숨을 다하며 힘을 다하며 뜻을 다하여 주 너의 하나님을 사랑하고 또한 네 이웃을 네 자신 같이 사랑하라 하였나이다."(27절)

우리는 이 율법 교사의 대답을 통해, 그가 영생을 얻는 방법을 몰랐던 것이 아니고 오히려 아주 잘 알고 있었지만, 주님을 시험하기 위해 물어봤다는 것을 확실히 알게 됩니다. 그때 예수님은 이렇게 말씀하십니다.

"네 대답이 옳도다. 이를 행하라 그러면 살리라."

그랬더니 이 율법 교사가 자신을 옳게 보이려고 다시 예수님께 묻습니다.

"그러면 내 이웃이 누구입니까?"

예수님은 이 질문에도 역시 대답하지 않으셨습니다. 이번에도 질문을 질문으로 되받아치셨으나 그 질문을 하기 전에 이야기를 들려주셨습니다. 이야기의 내용을 대충 요약하면 다음과 같습니다.

어떤 사람이 예루살렘에서 여리고로 내려가다가 강도떼를 만났다는 것이지요. 강도들이 그 여행자의 옷을 벗기고 심하게 때려서 그 여행자는 거의 죽은 목숨이 되었습니다. 그런 여행자를 강도들이 그 자리에 그대로 버리고 갔습니다. 그냥 두면 이 여행자는 거기서 그대로 죽을 상황입니다. 그런데, 마침 거기를 지나가던 제사장, 레위인은 이 죽어가는 사람을 보고도 그냥 지나가되, 게다가 '피하여' 갔습

니다. 그러나 어떤 사마리아 여행객은 그를 보고 '불쌍히 여겨' 가까이 가서 그에게 필요한 응급처치를 먼저 하고, 심지어 자기 짐승에 태워 주막에 데려가 하룻밤을 돌보아 주기까지 합니다. 그런데 이튿날에는 꼭 떠나야 하는 상황이었나 봅니다. 떠나는 길에 주막 주인에게 돈을 주면서 그 사람을 돌보아 달라고 부탁하며, 비용 걱정은 하지 말고 최대한 돌보라고 합니다. 데나리온 둘보다 비용이 더 들면 자신이 여행에서 돌아오는 길에 다시 들러서 갚겠다고까지 하고 떠납니다. 예수님께서 이 이야기를 들려주시고는 다시 율법 교사에게 묻습니다.

"네 생각에는 이 세 사람 중에 누가 강도 만난 자의 이웃이 되겠느냐?"

그냥 들을 때는 잘 모르고 지나칠 수도 있는 이야기이지만, 곰곰이 생각해 보면 조금 이상한 부분이 있습니다. **첫째, 이웃에 관한 개념이 예수님으로 인해 뒤집어졌습니다.** 먼저, 율법 교사는 "나의 이웃이 누구입니까?"라고 물었습니다. 그런데 예수님께서 율법 교사에게 다시 질문하실 때는 "강도 만난 자의 이웃이 누구이겠느냐?"라고 물으십니다. 근본적으로 관점이 뒤집힌 것입니다. 율법 교사가 생각했던 이웃은 '내가 도와주어야 할 사람', 즉, '도움받는 자'였던 반면, 예수님께서 말씀하신 이웃은 '도와준 사람', 즉, '도움 준 자'이기 때문입니다. 다시 말해, 예수님께서 생각하신 이웃이란 '도움을 준 자'로 누군가를 도와줌으로써 이웃임을 스스로 입증해야 할 사람은 도움을 준 자입니다.

내가 다른 사람의 이웃임을 스스로 입증하는 삶을, 우리는 지금 살고 있습니까?

그래서 주님께서 결정적으로 율법 교사에게 물으셨던 것입니다.

"네 생각에는 이 세 사람 중에 누가 강도 만난 자의 이웃이 되겠느냐?"

　예수님을 감히 시험하여 올무에 빠지게 하려는 자에게, 예수님께서는 받은 질문에 다시 질문으로 되받아치셨고, 율법 교사는 마지막으로 이렇게 대답합니다.

　"자비를 베푼 자입니다."

　율법사는 자신도 모르는 사이에 예수님의 지혜와 권위에 넘어가고 결국 이렇게 대답함으로써 이웃에 관한 개념을 스스로 바꾸게 된 것이 아닌가요? 그뿐만 아니라, 이스라엘 사람으로서 자기 평생에 단 한 번도 나의 이웃이라고 생각하지 않았던 '사마리아 사람'을 자신의 이웃으로 예수님 앞에서 인정해야 했으며, 더 골치 아프게도 이스라엘 사람인 자신이 사마리아인의 이웃임을 앞으로는 스스로 입증해야 할 과제를 떠안았다는 사실입니다. 이후에 율법 교사가 이를 행하고 영생을 얻었는지는 우리가 천국에 가 보면 알 수 있지 않을까요?

　둘째로, 율법 교사가 처음에 예수님께 물었던 '영생을

얻는' 문제에 관해서는 대답하기가 어렵습니다. 율법 교사는 "어떻게 하면 영생을 얻을 수 있습니까?"라는 질문을 했던 것이고, 이 질문의 대답은 아직 결정 나지 않은 것 같습니다.

무엇을 하여야 영생을 얻을 수 있겠습니까?

독자 여러분은 이 질문에 어떻게 대답할 수 있습니까? 율법 교사가 말한 대로, 즉, 율법에 기록된 대로, 우리가 마음과 목숨과 힘과 뜻을 다하여 하나님을 사랑하고 내 이웃을 내 몸처럼 사랑하면 되는 걸까요? 왜냐하면 예수님께서 이렇게 대답한 율법 교사의 대답이 옳다고 말씀하셨기 때문입니다. 그때, 누가 이웃입니까? 예수님의 말씀에 의하면, '자비를 베푼 자', '도움을 준 자' 가 이웃입니다. 그렇다면, 영생을 얻기 위해 '자비'를 베풀기만 하면 되는 것일까요?

하지만 실제로 기독교는 '착한 일' 같은 행위, 즉 '자비를 베푼 행위'로는 구원, 즉 영생을 얻을 수 없다고 말할 것입니다.

우리가 구원을 받기 위해 도대체 무엇을 하면 되나요?

저는 여러분에게 제안합니다. 영생, 즉 구원을 얻기 위해, '불쌍히 여기는 마음'을 가지십시오. 본문은 33절에 다음과 같이 말합니다.

"어떤 사마리아 사람은 여행하는 중 거기 이르러 그를 보고 불쌍히 여겨"(Σαμαρείτης δέ τις ὁδεύων ἦλθε κατ' αὐτόν, καὶ ἰδὼν αὐτὸν ἐσπλαγχνίσθη)

헬라어로 '불쌍히 여겨'라는 단어가 *ἐσπλαγχνίσθη*(에스프랑크니세)입니다. 이 단어는 명사 σπλαγχνὸν(스플랑크논)에서 파생된 단어입니다. 먼저, 명사 스플랑크논이 쓰인 성경 구절을 몇 개 찾아보면 대표적으로 다음과 같은 구절들이 있습니다.

행 1:18, "이 사람이 불의의 삯으로 밭을 사고 후에 몸이 곤두박질하여 배가 터져 창자가 다 흘러나온지라." (οὖτος μὲν οὖν ἐκτήσατο χωρίον ἐκ μισθοῦτῆς ἀδικίας, καὶ πρηνὴς γενόμενος ἐλάκησε μέσος, καὶ ἐξεχύθη πάντατὰ σπλάγχνα αὐτοῦ)

눅 1:78, "이는 우리 하나님의 긍휼을 인함이라. 이로써 돋는 해가 위로부터 우리에게 임하여"(διὰ σπλάγχνα ἐλέους Θεοῦ ἡμῶν, ἐν οἷς ἐπεσκέψατο ἡμᾶςἀνατολὴ ἐξ ὕψους)

빌 1:8, "내가 예수 그리스도의 심장으로 너희 무리를 얼마나 사모하는지 하나님이 내 증인이시니라."(μάρτυς γάρμού ἐστινόθεός, ὡς ἐπιποθῶπάντας ὑμᾶς ἐν σπλάγχνοις᾿ Ιησοῦ

Χριστοῦ.)

요일 3:17, "누가 이 세상의 재물을 가지고 형제의 궁핍함을 보고도 도와 줄 마음을 닫으면 하나님의 사랑이 어찌 그 속에 거하겠느냐?"*(ὃς δ' ἂν ἔχῃ τὸν βίον τοῦ κόσμου καὶθεωρῇ τὸν ἀδελφὸν αὐτοῦ χρείαν ἔχοντα καὶ κλείσῃ τὰ σπλάγχνα αὐτοῦ ἀπ᾽αὐτοῦ, πῶς ἡ ἀγάπη τοῦ Θεοῦ μένει ἐν αὐτῷ;)*

제가 가진 헬라어 성경 어플로 검색해 보면, 이 어원으로 약 26개의 구절이 검색됩니다. 대표적인 말씀 구절을 추천드린다면, 특히 마태복음에서 다음과 같습니다.

마9:36, "불쌍히 여기시니";14:14, "불쌍히 여기사"; 15:32, "불쌍히 여기노라"; 18:27, "불쌍히 여겨"; 20:34, "불쌍히 여기사"

나머지 복음서 역시 주로 '불쌍히 여기시는' 예수 그리스도의 마음을 서술하는 데 이 단어를 사용하고 있습니다.

또한, 서신서에서 동사 형태는 존재하지 않습니다. 명사 형태로만 남아 있습니다. 불쌍히 여기는 마음, 긍휼히 여기는 마음은 예수 그리스도의 마음입니다. 우리도 예수 그리스도를 닮기 위해서 이 마음을 품어야 합니다. 그래서 복음은 다음과 같이 말합니다.

"너희 안에 이 마음을 품으라. 곧 그리스도 예수의 마음이니"

예수 그리스도의 형상을 가지고, 그 이름의 권세를 누리며 사는 우리 크리스천들임에도 불구하고, 삶의 모든 관계에서 예수님처럼 중재자(peace maker)가 되지 못하고 도리어 문제를 일으키거나 혹은 적어도 관계가 힘든 이유는, 어쩌면 우리 가운데 '이 마음'이 없기 때문이 아닐지 생각해 봅니다. 그렇다면 저는 무엇을 근거로 삼아 이런 생각을 하게 되었을까요?

가룟 유다는 왜 자살했을까요?

가룟 유다가 죽을 때 배가 터지고 창자가 다 흘러나온 모습으로 죽었다고 성경에 나옵니다. 가룟 유다에게는 스플랑크나, 즉 예수 그리스도의 심장이 없었기 때문에 예수님을 은 삼십에 팔고 결국에는 자살하게 된 것이 아닐까요? 이창훈이라는 작가가 쓴 장편 소설 《나보다 더 슬픈 영혼을 위하여》라는 책을 혹시 아실는지요? 나온 지 꽤 오래된 책입니다만, 이 책의 주인공은 가룟 유다입니다. 작가가 모든 상상력을 동원해 예수님을 판 가룟 유다의 마음을 전혀 다른 관점에서 소개하고 있습니다. 기회가 되신다면 한 번 찾아 읽어 보시는 것도 괜찮을 것 같습니다.

한편 다시 레 미제라블 이야기를 하자면, 자베르 역시도 그저 자기 마음에 내키는 대로 장발장을 잡으려 했던 것은 아닌 것으로 나옵니다. 즉, 형사의 의무를 이행하기 위해서만 장발장을 체포하려 한 것이 아니었습니다. 영화에 나오는 "자베르의 별"이라는 노래의 가사를 함께 살펴볼까요?

저 어둠 속에서 달아나는 도망자, 하나님을 외면하고 은혜로부터 멀어졌지.

하나님께 맹세하노니, 그자를 잡는 날까지 포기하지 않으리라.

얼굴을 마주하는 날까지

놈은 암흑 속에 살고 나는 주님의 길을 간다네.

정의의 길을 따르는 자는 축복을 받으리라. 악마처럼 타락한 자는 지옥에서 불타리라!

별, 수많은 별, 하늘을 가득 채워 어둠을 밝히네.

질서정연한 근위병처럼 묵묵히 서서 밤을 지키네 밤을 지키네.

제자리에 서서 목표한 곳만을 바라보지

계절이 바뀌어도 언제나 그 자리에서…

악마처럼 타락한 자는 지옥에서 불타리라!

그래야만 해, 그게 정의니까.

천국 문에 쓰여 있듯이 타락한 자들은 반드시 대가를 치러야만 해.

하나님, 그를 찾게 하소서! 그를 보게 하소서.
그때까진 쉬지 않겠다고 맹세하리라. 별에 맹세하리라!

그랬던 자베르, 마치 하나님의 일을 하는 것처럼, 의로움에 가득 차 있던 자베르인데, 그는 도대체 왜 가룟 유다처럼 자살하게 된 것일까요? 자베르에게 만일 예수님의 심장이 있었다면 그래도 그가 자살했을까요?

긍휼이라는 단어는 영어로 'compassion'입니다. 비슷한 단어인 것 같지만, 동정은 영어로 'pity'입니다. 동정과 달리, 긍휼은 영어 단어에서 보여주는 것처럼[com(함께)+passion(고난, 수난)], 고난을 함께하는 마음입니다. 긍휼은 사랑이 변질되지 않도록 막아주는 '영혼의 해독제'입니다.

이번에는, 장발장의 독백을 보실까요?

그들은 그 남자가 나라고 생각해.

한 치의 의심도 없이. 그 사람이 잡혔다니, 이 남자가 나의 기회가 될 수 있어!

왜 내가 그를 구해야 하지? 왜 내가 잘못을 바로잡아야 하지? 내가 여기까지 오는 동안 오랜 시간 고생했는데?

사실대로 말하면, 난 감옥행이야. 내가 침묵한다면, 난 저주받겠지! 난 수백 명 직원들의 사장이야. 그들은 전부 나만 보고 있어.

내가 그들을 버릴 수 있을까?

내가 잡히면 그들은 어떻게 살지?

나는 누구인가?

내가 이 남자를 감옥에 보낼 수 있을까?

그의 고통을 외면하면서?

날 닮은 이 무고한 자, 날 대신해 심판을 받겠지.

나는 누구인가? 나 자신을 영원히 숨길 수 있을까? 과거의 내가 아닌 척 하면서? 죽을 때까지 내 이름을 숨겨야 하나? 거짓말을 해야 하나? 어떻게 사람들을 볼 수 있지? 자신을 어떻게 다시 볼 수 있지? 내 영혼은 하나님께 있어. 오래전 약속했어. 그분은 절망 속에서 나에게 희망을 주었어. 그는 나에게 살아갈 힘을 주셨어.

나는 누구인가? 난 장발장이야! 판사님, 진실을 말하겠습

니다. 이 남자는 판사만큼이나 결백합니다. 나는 누구인가?
24601!

그는 끊임없이 자기가 누구인지 스스로 묻고 있습니다. 이제는 더 이상 전과자 장발장이 아닌, 고귀한 시장의 신분으로 살아가고 있습니다. 이것 때문에, 한 무고한 사람이 장발장 대신 감옥에 가야 합니다. 그러나 장발장 대신 감옥에 갈 상황에 놓인, 어찌 보면 하찮은 이 한 사람 때문에, 장발장이 고통당하고 있는 것 같지 않습니까? 사도 바울은 다음과 같이 고백합니다.

"내가 예수 그리스도의 심장으로 너희 무리를 얼마나 사모하는지 하나님이 내 증인이시니라."(빌 1:8)

바울이 예수 그리스도의 심장을 품었기 때문에 빌립보 성도들을 뜨겁게 사랑할 수 있었듯, 장발장 역시 이런 심장을 가졌기에, 무고한 사람이 자기 대신 억울한 누명을 쓰고 고통당할 것을 생각하며 괴로워하는, 이런 생각과 이런 고백을 한 것이 아니었을지 생각해 봅니다.

**이런 독백을 하는 장발장이야말로 누구 앞에 서서 말
하고 있다고, 여러분은 생각하십니까?**

장발장은 판사의 판결을 두려워하지 않습니다. 사람들
의 시선도 두려워하지 않습니다. 자신이 진짜 장발장임이
밝혀지고 난 이후의 삶을 두려워하지 않습니다. 오직 하나
님 한 분만을 두려워하고 있습니다. 비록 영화에 불과할 수
있지만, 당연히 이렇게 해석할 수 있다고 생각합니다.

어찌 보면 정말 아무것도 아닌 일로 이미 19년이나 옥
살이를 할 수밖에 없었던, 너무도 억울했던 경험을 장발장
은 갖고 있습니다. 이런 경험과 또 이런 심정을 바탕으로,
무고한 자가 자기 때문에 겪을 고통을 온몸으로 느낍니다.
더 이상 거짓말을 할 수 없습니다. 오직 하나님 한 분만을

두려워하며, 자기가 장발장임을 고백합니다. 판사 앞에서, 그리고 하나님 앞에서 말입니다. 바로 이것이 예수 그리스도의 심장을 지닌 사람이 품을 수 있고 또한 실천할 수 있는 바로 그 '긍휼' 아닐까요? 여러분은 어떻게 생각하시는지요?

"여호와를 경외하는 것이 지혜의 근본이요, 거룩하신 자를 아는 것이 명철이니라." (잠언 9:10)

긍휼은 예수 그리스도의 심장이다!

누군가를 도와줌으로써

그 누군가의 이웃임을 스스로 입증해야 할 사람은

도움을 준 자이다.

3
아무것도 줄 수 없는 긍휼

말씀: 약 5:1~11

들으라 부한 자들아 너희에게 임할 고생으로 말미암아 울고 통곡하라. 너희 재물은 썩었고 너희 옷은 좀먹었으며, 너희 금과 은은 녹이 슬었으니 이 녹이 너희에게 증거가 되며 불 같이 너희 살을 먹으리라. 너희가 말세에 재물을 쌓았도다. 보라 너희 밭에서 추수한 품꾼에게 주지 아니한 삯이 소리 지르며 그 추수한 자의 우는 소리가 만군의 주의 귀에 들렸느니라. 너희가 땅에서 사치하고 방종하여 살륙의 날에 너희 마음을 살찌게 하였도다. 너희는 의인을 정죄하고 죽였으나 그는 너희에게 대항하지 아니하였느니라. 그러므로 형제들아 주께서 강림하시기까지 길이 참으라. 보라, 농부가 땅에서 나는 귀한 열매를 바라고 길이 참아 이른 비와 늦은 비를 기다리나니, 너희도 길이 참고 마음을 굳건하게 하라 주의 강림이 가까우니라. 형제들아 서로 원망하지 말라. 그리하여야 심판을 면하리라 보라 심판주가 문 밖에 서 계시니라. 형제들아 주의 이름으로 말한 선지자들을 고난과 오래 참음의 본으로 삼으라. 보라 인내하는 자를 우리가 복되다 하나니 너희가 욥의 인내를 들었고 주께서 주신 결말을 보았거니와 주는 가장 자비하시고 긍휼히 여기시는 이시니라.

이 말씀은 부자에게 경고하고 있습니다. 부한 자들에게 앞으로 다가올 고생으로 말미암아 울고 통곡하라는 것이지요. 부자의 재물은 썩고 그 옷은 좀먹었다고 말합니다. 부자의 금과 은은 다 녹이 슬었고, 이 녹이 불같이 부자의 살을 먹어 버릴 것입니다. 부자들은 말세에 재물을 쌓았지만, 그 밭에서 추수한 품꾼에게는 주지 아니한 삯이 소리를 지릅니다. 그 추수한 자의 우는 소리가 만군의 주의 귀에 들립니다. 부자들이 땅에서 사치하고 방종하여 살육의 날에 그 마음을 살찌게 했다고, 야고보가 부자들에게 엄히 경고하고 있습니다.

살육의 날은 무엇을 의미할까요?

아마도 이중적인 의미가 있는 것 같습니다. 첫째, 살육의 날은 옛날에 짐승을 도살했던 날을 의미합니다. 야고보가 살던 당시에는 당연히 냉장고가 없었겠지요. 냉장고가 없었던 때에 소나 돼지를 도살하고 나면, 어마어마한 양의 고기를 어떻게 다 보관할 수 있었을까요? '살육의 날'에야말로 사람들은 흥청망청 파티를 열었을 가능성이 큽니다. 그날 고기를 다 먹지 않으면, 남은 고기는 금방 부패하고 말았을 것입니다. 그러므로 부자들은 방종했을 것이고 그날에 몸도 마음도 살을 찌웠을 것입니다. 그렇게 하고도 남은 고기는 부패하지 않도록 소금에 절였을 것입니다. 아무래도 절인 고기는 갓 잡은 고기보다는 덜 맛있지 않았을까요? 남은 고기를 먹지 않으려면, 갓 잡은 신선한 고기를 당일에 먹을 수 있을 만큼 실컷 먹어야 합니다. 아마도 이런 의미에서 성경 본문에서 부자들의 '살육의 날'이 사용되었을 것으로 추정합니다.

둘째, 이면에는 하나님의 '살육의 날'을 의미할 수 있습니다. 즉, 이것은 하나님께서 인간을 심판하시는 날입니다. 부자들이 살찌운 그날은 결국 그들에게 심판의 날이 됩

니다. 하나님께서 심판하실 것이기 때문입니다. "한 번 죽
는 것은 사람에게 정해진 것이요 그 후에는 심판이 있으리
니."(히 9:27)

이사야 선지자는 이에 관한 논의를 확장해 주고 있습니
다. 이사야 34장 1~7절까지의 말씀입니다. 이 책에서는 이
가운데 일부만 인용하겠습니다.

"여호와의 칼이 하늘에서 족하게 마셨은즉 보라 이것이
에돔 위에 내리며 진멸하시기로 한 백성 위에 내려 그를 심
판할 것이라. 여호와의 칼이 피 곧 어린 양과 염소의 피에 만
족하고 기름 곧 숫양의 콩팥 기름으로 윤택하니 이는 여호와
를 위한 희생이 보스라에 있고 큰 살륙이 에돔 땅에 있음이
라. 들소와 송아지와 수소가 함께 도살장에 내려가니 그들의
땅이 피에 취하며 흙이 기름으로 윤택하리라. 이것은 여호와
께서 보복하시는 날이요, 시온의 송사를 위하여 신원하시는
해라."(사 34:5~8)

부자는 가난한 자의 상황을 돌보지 않습니다. 아니, 돌

보고 있는지도 모릅니다. 도와줄 수도 있습니다. 가난한 자들에게 기부도 하고, 자선도 베풀 수 있습니다. 하지만 그럴수록 어쩌면 가난한 자들은 더욱 탄식할 수밖에 없을지도 모릅니다. 부자들이 베푸는 자선과 기부에 긍휼한 마음이 담겨 있지 않으면 말입니다.

여러분은 자선이나 기부가 긍휼과 같다고 생각하십니까?

물론, 저도 목사입니다만, 우리 시대 목사님들은 과연 어느 정도 긍휼을 설교하고 있다고 생각합니까? 자선은 설교하면서 예수님께서 말씀하신 바, 정작 중요한 긍휼은 혹시 설교하지 않는 것은 아닌가요?

"고아와 과부의 유산을 삼키는 그에게 화가 있을지라!"(마 23:14)

어떻게 된 일인지, 요즘 우리가 널리 쓰는 개역 개정 성경에는 이 구절을 없앴습니다. 물론 신학적으로 볼 때 몇 가지 타당한 이유가 있긴 합니다만, 이 책에서는 다룰 여유가 없으므로 일단 넘어가겠습니다. 이 구절의 핵심 내용은 대략 이와 같습니다. 동서고금을 막론하고 고아나 과부가 물려받은 재산을 삼키는 사람들이 친인척 가운데 많이 있습니다. 재산을 정작 지켜줄 사람은 가장이었을 텐데, 가장이 죽으면 이들을 지켜줄 사람이 없으므로 결국 고아와 과부는 유산을 도둑맞는 사람들이 되고 맙니다. 그들의 집은 텅 텅 비게 되어 있습니다. 결국 고아와 과부에게 남겨진 '아무것도 없는' 재산은 무엇일까요? 저는 그 유산이야말로 '긍휼'이라고 생각합니다. 바로 '아무것도 줄 수 없는 긍휼'입니다.

따라서 자선이나 기부가 긍휼과 같지 않음에도 불구하고 같은 것으로 보았기에 오늘날 교회에서 심각한 결과를 초래하고 말았다고 생각합니다. 특히 고아와 과부, 그리고 가난한 자들이라도 최후까지 갖고 있는 이 긍휼에 그림자를 드리우게 되는 경우 말입니다.

자선을 설교하면서 긍휼에 관해서는 침묵하는 설교자에게 화가 있을지라!

"긍휼을 행하지 아니하는 자에게는 긍휼 없는 심판이 있으리라. 긍휼은 심판을 이기고 자랑하느니라."(약 2:13)

교회는 자선이나 기부에 관해서가 아닌, 긍휼을 설교해야 합니다. 긍휼하기만 한다면, 자선은 저절로 따라올 것이기 때문입니다. 긍휼은 말하지 않으면서, 돈만 끌어모으는 것은 기독교가 아닙니다. 긍휼에 관해서는 도리어 침묵한 채 부자에게 자선 베풀기만 강요하면서 그 돈이나 물질을 가난한 자들과 비참한 자들에게 전달하는 것. 오히려 힘든 사람들을 더욱 무자비하게 다루는 것은 아닌가요? 자, 이제 그러면 본격적으로 "아무것도 줄 수 없는 긍휼"에 관해 나누어 보겠습니다.

아무것도 갖지 못한 가난한 자는 긍휼할 수도 없나요?

2천 년이란 긴 세월이 흐르는 동안에도 잊히기는커녕 더욱 잘 알려진 사람이 있습니다. 즉, 긍휼한 사마리아인입니다. 다들 너무도 잘 알고 계신 이 긍휼한 사마리아인의 이야기를 제가 조금 바꿔 보려 합니다.

긍휼한 사마리아인이 **짐승을 타고 가는 것이 아니라** 여리고에서 예루살렘을 향해 혼자 걸어가는 길이었다고 상상해 봅니다. 길을 지나던 중에 거반 죽어가고 있는 불쌍한 사람을 만났지만, 그의 수중에는 응급조치라도 할 수 있을 만한 것은 전혀 없었습니다. 사마리아인 여행자는 이 불쌍한 사람을 들어 올려 자기 **어깨에 메고** 가다가 가까운 여관을 찾아 들렀으나, 여관 주인은 이 여행자와 죽어가는 사람 모두를 쫓아냈습니다. 왜냐하면 이 사마리아인 여행자는 **땡전 한 푼조차도 가진 것이 없었기 때문**입니다. 그러나 사마리아인은 이 여관 주인의 강퍅한 마음이 긍휼해지기를 바라며 사정할 수밖에 없었습니다. 왜냐하면 이것만이 자신이 불쌍한 한 사람의 삶에 참여할 방법이었으니 말입니다.

이 사마리아인은 긍휼하지 않았나요?

그러나 이야기는 여기에서 끝난 것이 아닙니다. 사마리아인은 인내심을 잃지 않았습니다. 그가 이 불쌍한 사람을 메고 더 멀리 갔고, 거의 죽어가는 그 사람이 편하게 쉴 수 있는 장소를 드디어 찾았습니다. 그 옆에 앉아 출혈을 멈추게 할 수 있는 모든 일을 다 했습니다. 그러나 이 불쌍한 사람은 결국 사마리아인과 함께 있는 동안에 그만 숨을 거두고 말았습니다. 그런데 아뿔싸! 더 큰 일이 벌어집니다. 경찰이 이 사건의 현장에 옵니다. 이 일은 살인 사건이 되고 맙니다. 사마리아인은 살인자로 누명을 쓰게 됩니다. 경찰은 말합니다.

"우리는 당신을 지금 체포해야만 합니다. 당신은 살인 혐의를 받고 있습니다."

그날 이후로 무슨 일이 일어납니까? 사마리아인의 친구들은 그런 말도 안 되는 일에 자발적으로 말려 들어간 사마리아인을 바보라고 비웃습니다. 혹은 그 친구들이 만일, 선한 사마리아인이 어떤 일을 행한 후에 살인 사건에 연루되었는지를 제대로 알았다면, "멍청이"가 아닌 "미치광이"라고 말할 것입니다.

이 사마리아인은 긍휼하지 않았나요? 여러분은 이 사람을 긍휼한 사마리아인이라 부르는 것에 어떤 반대 의

견이라도 있습니까?

예수께서 눈을 들어 부자들이 헌금함에 헌금을 넣는 것을 보시고 또 어떤 가난한 과부가 두 렙돈 넣는 것을 보시고 이르시되, 내가 참으로 너희에게 말하노니 이 가난한 과부가 다른 모든 사람보다 많이 넣었도다. 저들은 그 풍족한 중에서 헌금을 넣었거니와 이 과부는 그 가난한 중에서 자기가 가지고 있는 생활비 전부를 넣었으니라 하시니라.(눅 21:1~4)

헌금함에 동전 두 렙돈을 넣은, 성경 속 과부의 이야기를 가져와 봅시다. 그러나 이번에도 이야기를 조금 바꿔 보겠습니다. 과부의 두 렙돈은 그녀로서는 한 번에 얻을 수 없을 아주 큰 돈이었습니다. 과부는 그 돈을 모으기 위해 오랫동안 저축했습니다. 하루는 성전에 그 돈을 헌금하고자 가져가기 위해 작은 헝겊에 싸서 숨겨두었습니다. 그러나 한 사기꾼이 과부에게 돈이 있다는 것을 알고 말았습니다. 그는 과부 몰래 돈을 훔치고는 대신 그 자리에 아무것도 들어 있지 않은 작은 헝겊을 놓았습니다. 과부는 물론 이것을 전

혀 눈치채지 못했습니다. 그래서 이 작은 헝겊 보자기를 그대로 가지고 성전에 올라가 두 렙돈을 헌금합니다. 그러나 우리가 모두 아는 사실은, 결국 **과부는 아무것도 헌금하지 않았다**는 것입니다. 그런데도 그리스도께서는 여전히 그녀에게 다음과 같이 말씀하시지 않을까요?

"이 가난한 과부가 다른 모든 부자가 드린 것보다 더 많이 드렸다."

그러나 물질이 따르지 않은 긍휼, 아무것도 줄 수 없는 긍휼, 이것은 무엇을 의미하는 것일까요?

자선을 정의하는 세속적인 뻔뻔스러움은 아무것도 소유하지 않은 긍휼을 조롱하기까지 합니다! 이것은 이미 불의요, 충분한 반역입니다. 바로 이것이 세상에서의 무자비

함입니다. 가난한 자가 마지막 남은 동전 한 닢을 드릴 때, 부자가 뒤따라와 수백만 원을 드립니다. 그때 모든 사람이 수백만 원을 지켜봅니다. **곧, 부자의 선물이 가난한 자의 선물인 긍휼에 그림자를 드리웁니다.**

가난한 자가 가장 많은 것을 드렸다는 그리스도의 말이 사실이라면, 이것은 얼마나 큰 광기인가요! 더 적은 것을 준 자(부자—거대한 양)가 더 많은 것을 준 자(가난한 자—약간의 티끌)에게 그림자를 드리운다니 얼마나 큰 광기입니까! 심지어 그림자 말입니다.

물론 세상은 이렇게 말하지 않습니다. 세상은 부자가 가장 많이 드린다고 말합니다. 세상은 왜 이렇게 말할까요? **왜냐하면 세상은 오직 돈에 관해서만 이해하고 있기 때문입니다. 반면 그리스도께서는 긍휼에 관해서만 이해하고 있습니다.** 그리스도께서는 긍휼에 관해서만 이해하고 있기 때문에, 과부가 드렸던 동전 두 닢이 무엇을 의미하는지 아주 정확히 이해하십니다. 그런 이유로 인해, 그리스도께서는 긍휼을 베푸는 데 그렇게 많은 돈이 필요치 않다고 말씀하신 것입니다. 혹은 더 적게 드릴수록, 심지어 더 적게 드릴수록 더 많은 것을 드릴 수 있다고 말씀하셨던 것이지요.

이 얼마나 이해하기 어려운 수학 문제인가요? 이 얼마나 이해하기 어려운 계산 방법인가 말입니다! 이런 계산법은 어떤 수학책에서도 발견할 수 없습니다! 놀랄 만한 표현이 과부를 설명하는 데 사용된 것입니다. 다시 말해, "그녀는 가난한 중에 드렸습니다." 그러나 선물의 크기가 가난한 정도에 비례하여 증가한다면, 따라서 세상의 생각(선물의 크기는 부의 크기에 비례한다는 것)과 정반대 현상이 생긴다면, 그때 저 과부보다 더 가난한 자는 가난한 중에 겨우 동전 두 닢보다 더 적은 돈을 드림으로써, 과부보다 더 많은 것을 드립니다. 모든 부자와 비교할 때 가장 많이 드린 저 과부보다 더 많이 말입니다.

세상은 이것이 가장 짜증 나는 계산법이라고 생각함에 틀림없습니다. 가장 하찮은 동전 한 닢이 그렇게 중요해질 수 있는 이런 계산법이 세상에 존재한다니요? 게다가 모든 선물 중에서 가장 중요하고 값진 선물일 수 있다니 말입니다! 세상과 세상의 자선은 놀랄 만큼 큰 양을 다루기 좋아합니다. 눈부신 선행 가운데 동전 한 닢이 베푸는 긍휼의 크기는 단 한 개의 아주 작은 점조차도 될 수 없을 만큼이나 보이지도 않을뿐더러 전혀 놀랍지도 않습니다. 하지만 영원의 관점에서 볼 때, 이런 종류의 계산법은 유일하게 진실한 계산 방법이며, 오직 영원으로부터만 터득되고 세속성과 일시성의 착각을 포기함으로써 터득됩니다.

영원은 긍휼을 가장 날카로운 눈으로 바라보는 관점이요, 가장 발전된 형태의 이해력입니다. 그러나 영원은 재정적인 곤경에 관해서는 어떤 이해도 없는 만큼 돈을 이해하는 데서도 마찬가지입니다. 혹은 말씀에 의하면, 영원은 돈을 활용하는 것과 관련해서는 아무런 이해가 없는 만큼 돈에 관한 이해에 관해서도 같습니다. 그렇습니다. 이것으로 인해 웃을 수도 있지만, 울 수도 있습니다. 웃는 사람이 재정적인 곤경을 만났을 때 영원을 생각한다면, 그것은 그 사람이 할 수 있는 최고의 발명이 될 것입니다. 아, 그러나 우리가 조금이라도 울어 봅시다. 왜냐하면 시간은 너무 완벽하게도 영원을 잊어버리고 마니까요. 영원의 관점에서 보면 돈은 무(nothing)보다도 못하다는 것을 금세, 그리고 너무도 깨끗하게 잊어버리고 마니까요! 아아! 세상에서 얼마나 많은 사람이 영원은 환상이고 돈은 실재라고 생각합니까! 반면 영원과 진리가 가진 이해에 있어서는 돈이 환상입니다!

당신이 어떤 방식을 원하든, 영원을 생각하십시오. 다만 시간적인 세상에서 당신이 봤던 시간적인 것들을 영원에서도 다시 찾을 수 있게 되기를, 당신이 바랐음을 인정하십시오. 저 천국에서도 나무들과 꽃들과 별들을 다시 찾기를 당신이 소원했다는 것을 인정하십시오. 새들이 아름답게 지저귀는 소리와 시냇물이 졸졸 평화롭게 흐르는 소리를, 저 천국에서도 당신이 다시 들을 수 있기를 소원했다는 것을 인정하십시오. 그러나 **영원에 돈이 존재하는 일이 당신에게**

일어날 수 있겠습니까? 아닙니다. 만일 그랬다면, 하나님의 나라는 오히려 궁핍의 땅이 되었을 것입니다.

따라서 이런 일은 당신에게 일어날 수 없습니다. 돈이 실재라고 믿고 있는 사람에게 영원이 존재할 수 없는 것처럼 말입니다. 당신이 시간에서 보고 있던 모든 것 가운데, 하늘나라에 들어갈 수 없는 것을 고르라면 돈만큼 확실한 것도 없습니다. 반면, 긍휼만큼 하늘나라에 들어갈 것이 확실한 것도 없습니다. 따라서 긍휼이 돈과는 무한히 관련이 없다는 것을 당신은 봅니다.

긍휼은 아무것도 줄 것이 없습니다. 긍휼을 품은 사람이 다른 줄 수 있는 것도 함께 가졌다면, 이웃에게 기꺼이 주는 일은 저절로 따라옵니다. 그러나 우리가 관심을 두고 싶은 것은 이것이 아닙니다. 중요한 것은, 줄 수 있는 것이 거의 혹은 전혀 없을지라도, 그저 긍휼할 수 있다는 데 있습니다. 이것은 정말 중요합니다. 왜냐하면 긍휼할 수 있는 능력은 돈을 갖고 있는 것, 그래서 돈을 줄 수 있는 능력보다 더욱 위대한 완전성이기 때문입니다.

지금까지 가장 핵심적인 것으로 "아무것도 줄 수 없는 긍휼"에 관해 살펴보았습니다. 만약 이 긍휼이 진정으로 완전한 긍휼이라면, 그동안 세상에서나 교회에서 이 긍휼을 얼마나 발견하기가 어려웠는지 한 번 생각해 봐야 하지 않을까요? 우리는 이것도 행하고 저것도 버리지 말아야 합니다.

"화 있을진저 외식하는 서기관들과 바리새인들이여 너희가 박하와 회향과 근채의 십일조는 드리되 율법의 더 중한 바 정의와 긍휼과 믿음은 버렸도다. 그러나 이것도 행하고 저것도 버리지 말아야 할지니라"(마 23:23)

교회는 자선이나 기부가 아닌,

긍휼을 설교해야 한다.

긍휼하기만 하면 자선은 저절로 따라온다.

긍휼할 수 있는 능력은

돈을 줄 수 있는 능력보다 더욱 위대한 완전성이다.

4
거룩한 수치

말씀: 눅16:19~31

한 부자가 있어 자색 옷과 고운 베옷을 입고 날마다 호화롭게 즐기더라. 그런데 나사로라 이름하는 한 거지가 헌데 투성이로 그의 대문 앞에 버려진 채 그 부자의 상에서 떨어지는 것으로 배불리려 하매 심지어 개들이 와서 그 헌데를 핥더라.

이에 그 거지가 죽어 천사들에게 받들려 아브라함의 품에 들어가고 부자도 죽어 장사되매 그가 음부에서 고통중에 눈을 들어 멀리 아브라함과 그의 품에 있는 나사로를 보고 불러 이르되 아버지 아브라함이여 나를 긍휼히 여기사 나사로를 보내어 그 손가락 끝에 물을 찍어 내 혀를 서늘하게 하소서. 내가 이 불꽃 가운데서 괴로워하나이다.

아브라함이 이르되 얘 너는 살았을 때에 좋은 것을 받았고 나사로는 고난을 받았으니 이것을 기억하라. 이제 그는 여기서 위로를 받고 너는 괴로움을 받느니라. 그뿐 아니라 너희와 우리 사이에 큰 구렁텅이가 놓여 있어 여기서 너희에게 건너가고자 하되 갈 수 없고 거기서 우리에게 건너올 수도 없게 하였느니라. 이르되 그러면 아버지여 구하노니 나사로를 내 아버지의 집에 보내소서. 내 형제 다섯이 있으니 그들에게 증언하게 하여 그들로 이 고통 받는 곳에 오지 않게 하소서. 아브라함이 이르되 그들에게 모세와 선지자들이 있으니 그들에게 들을지니라. 이르되 그렇지 아니하니이다 아버지 아브라함이여 만일 죽은 자에게서 그들에게 가는 자가 있으면 회개하리이다. 이르되 모세와 선지자들에게 듣지 아니하면 비록 죽은 자 가운데서 살아나는 자가 있을지라도 권함을 받지 아니하리라 하였다 하시니라.

우리는 지난 과에서 아무것도 줄 수 없는 긍휼이 무엇을 의미하는지 나누었습니다. 아무것도 줄 수 없는 긍휼이야말로, 더 완전한 긍휼에 가깝다는 내용이었습니다. 이번 과에서는 부자가 어떻게 긍휼을 실천해야 할지 나누어보고자 합니다. 혹은 꼭 부자가 아니더라도, 누군가에게 긍휼한 마음으로 자선을 행하거나 혹은 어떤 형태로든 도움을 줄 때 필요한 긍휼의 '실천'에 관해서 입니다.

우리는 누가복음 10장의 '선한 사마리아인' 이야기를 나눈 바 있습니다. 예수님께서 친히 비교하신 인물들이 있습니다. 바로 제사장과 레위인, 그리고 사마리아인입니다. 강도들에게 맞아서 거의 죽어가는 사람을 보고도 제사장과 레위인은 그냥 지나친 것으로도 부족해서 그 사람을 피해서 간 반면, 긍휼한 사마리아인만 그를 불쌍히 여겨 구해 줍니다. 이번 이야기에서도 비교할 만한 두 존재가 있습니다. 부자와 개입니다. 부자는 거만한 사람인 것 같습니다. 부자는 거지 나사로에게 마치 무언가 베푸는 자인 것 같지만, 그것은 실제로 부자가 직접 베푸는 것도 아닌, 그저 부자의 상에 차려진 음식에서 떨어진 부스러기에 불과합니다. 한 마디로 말해, 누가복음 10장에 등장하는 제사장이나 레위인과 다를 바 없는 인물입니다.

바로 그때, 부자와 완전히 상반되는 존재가 등장합니다. 바로 '개'입니다. 개는 예수님 계신 당시에 부정한 동물로 취급받았다고 합니다. 이 대목에서는 개가 마치 선한 사마리아인과 같은 역할을 합니다. 부자가 전혀 긍휼하지 않을 그때, 개는 거지의 상처를 핥습니다. <u>여기에서 우리는 개가 긍휼한 것처럼 착각을 하게 됩니다.</u> 부자가 긍휼하지 않을 때, 사람도 아닌 개가 긍휼할 수 있다니요?! 이후에 나사로가 죽었다고 예수님께서 말씀하십니다.

그런데 천국에서 어떤 일이 벌어집니까?

"아버지 아브라함이여, 나를 긍휼히 여기사 나사로를 보내어 그 손가락 끝에 물을 찍어 내 혀를 서늘하게 하소서. 내

가 이 불꽃 가운데서 괴로워하나이다."(24절)

부자는 세상에서 살 때 긍휼하지 않았습니다. 그랬던 부자가 죽어서 음부에서 고통을 받으며 자기를 긍휼히 여겨달라고 아브라함에게 부탁하고 있습니다. 이에 한술 더 뜨기까지 하는군요. 아직 살아있는 자기 형제 다섯 명에게는 나사로를 보내 깨우쳐 달라고 합니다. 그들만이라도 이 고통 받는 곳에 오지 않도록 도와달라는 것이지요. 아브라함은 단호하게 말합니다.

"그들에게 모세와 선지자들이 있으니 그들에게 들을지니라."(29절)

"모세와 선지자들에게 듣지 아니하면 비록 죽은 자 가운데서 살아나는 자가 있을지라도 권함을 받지 아니하리라."(31절)

성경 본문은 긍휼에 관해 우리에게 아주 중요한 대목에 눈을 뜨게 합니다. 이 세상에서 우리가 긍휼을 어떻게 실천해야 하는지에 관해 많은 생각을 하게 합니다. **중요한 것은**

누가복음 16장에 등장하는 부자가 얼핏 자선을 베푼 것으로 여겨지는 행동은 했을지 모르지만, 결코 그 마음이 긍휼하지 않았다는 사실입니다.

그렇다면 지금부터는 다른 관점을 통해서, 부자가 어떻게 긍휼을 실천해야 하는지 더 적극적으로 생각해 봅시다. 저는 이 과의 제목을 "거룩한 수치"라고 이름 붙였습니다.

수치란 무엇일까요? 우리는 언제 수치감을 느낄까요?

수치심이란 다들 아시다시피 스스로 부끄러움을 느끼는 마음입니다. 심리학적 용어로 쓰이는 경우가 많으므로 단순한 부끄러움에서 더 깊이 들어가, 다른 사람으로부터 거부되고, 조롱당하고, 노출되고, 존중받지 못한다고 느끼는 고통스러운 정서를 가리키는 말로 쓰입니다. 마치 다른 사람 앞에서 옷을 다 벗고 있는 상황처럼, 당혹스럽고 굴욕적이며 치욕스러운 부끄러움을 느끼는 것입니다. 그렇다면 이런 부끄러움은 어디에서 시작되었을까요? 태초의 인간 아담과 이브는 처음에는 벌거벗었으나 부끄러움을 몰랐지만, 선악과를 먹은 후에 눈이 밝아져 자기들이 벗은 줄을 알게 되고 두려워하여 하나님 낯을 피하여 숨게 됩니다. 앞서 밝힌 수치심의 정의와 일치하는 대목입니다. 동물은 죄책감이나 부끄러움을 느끼지 않습니다. <u>따라서 수치심이나 죄책감은 인간만 느낄 수 있는 감정이라 말할 수 있겠습니다.</u> 이 두 감정에 있어서 다른 점이 있다면, <u>죄책감은 자기 안의 양심으로 생성되는 반면, 수치심은 외부의 시선을 느낄 때 즉 타인에 의해서 만들어집니다.</u> 그래서 사르트르라고 하는 작가이자 사상가가 했던 유명한 말이 있습니다.

"타인은 나의 지옥이다."

이 말은 사르트르가 쓴 《닫힌 방》이라고 하는 희곡 작품에서 나오는 말입니다. 물론, 이 말은 여러 의미를 담고 있지만, 타인에 관한 부정적인 의미임은 분명한 사실이고, 언제나 나를 바라보는 자이자, 나를 힘들게 하고 나를 통제하는 자가 타인인 것으로 묘사하는 말입니다. 사르트르가 생각할 때 타인은 반가운 존재가 아니었습니다. 왜냐하면 타인은 언제나 나를 바라보는 자, 나에게 수치감을 심어주는 존재이기 때문입니다.

사르트르는 한 예를 들어 수치감을 설명합니다. 한 호텔 종업원이 어느 날 호텔 복도를 지나가다가 어떤 방에서 들려오는 이상한 소리를 듣게 됩니다. 갑자기 호기심이 발동한 그는 열쇠 구멍을 통해 소리가 나는 것 같은 방안을 들여다보았습니다. 방 안에서 벌어지는 광경을 보느라 정신이 팔렸던 중에, 누군가 자기 쪽으로 걸어오는 소리를 듣습니다. 방 안을 열쇠 구멍으로 훔쳐보는 자기의 모습을 그 사람이 보고 있음을 느낀 종업원은, 점잖지 못했던 자기 행동에 이내 부끄러움을 느꼈지요. 이것이 사르트르가 말하는 수치심입니다.

다른 종류의 수치심이 있을 수 있습니다. 예를 들어, 오늘 성경 말씀에 인용된 본문에 등장하는 거지 나사로도 수치심을 느낄 수 있습니다. 돈이 없으므로 상처투성이의 몸이 다 드러나 있을 정도이기에, 부자의 상에서 떨어지는 음식 부스러기로 배를 채우려고 하기에, 자기를 바라보는 수많은 사람의 눈길로 인해 수치심을 느낄 수 있습니다. 게다가 긍휼 없는 동정은 잔인하기까지 합니다. 하지만 우리가 오늘 이야기하고자 하는 '거룩한 수치'는 이런 수치심과는 전혀 다른 수치를 의미합니다.

사르트르가 말한 수치심에는 심각한 잘못이 있다고 생각합니다. 그렇다면 그것은 무엇일까요?

사르트르는 대표적인 무신론자로 여겨지는 사람입니다. 그는 무신론적 실존주의를 주장했습니다. 그는 다른 사람의 시선을 항상 의식하며 살았습니다. 그랬던 그가 인식하지 못한 타인이 있었습니다. 바로 '그가 죽인' 하나님입니다. 크리스천도 여느 사람들처럼 자기를 바라보는 다른 사람의 시선을 느끼고 신경을 쓰지만, 다른 누구보다 바로 '하나님 앞에' 있음을 자각하며 살아갑니다. 하나님께서 나를 어떻게 바라보실까, 나는 하나님 앞에서 어떤 사람일까를 절대적인 기준으로 삼으며 살아갑니다. 또한 최소한 노력합니다. 하지만 사르트르는 하나님을 죽였기 때문에 '하나님 앞에서' 하나님이 자기를 바라보는 시선이 어떤 것인지를 의식하며 사는 것이 무엇인지 알지 못했습니다. 또한 그렇게 살기를 거부한 것입니다. 그랬기 때문에 사르트르에게 있어서 타인이 자기를 바라보는 시선은 마치 '족쇄'와 같았습니다. 사르트르의 주장으로는, 나와 타자는 서로를 바라보면서 상대방을 객체로 사로잡으려는 '시선의 투쟁'을 벌일 수밖에 없으며, 나와 타자의 사이는 근본적으로 '갈등'으로 귀착될 수밖에 없는 관계입니다.[1] 이런 시각에서 보면,

1 변광배, 『존재와 무』(서울: 살림, 2007), 214쪽.

타자는 결국 나의 세계를 '훔쳐 가는' 특수한 존재이기 때문에 타인은 나를 망치고 힘들게 하는 지옥인 것입니다.[2]

그러나 크리스천은 사르트르와 정반대로 이해합니다. 먼저, 크리스천이 생각하는 타인은 나의 존재를 훔쳐가거나 나와 갈등 관계를 형성하는 존재가 아닙니다. 예수님 말씀에 따라 내가 '내 몸처럼' 사랑해야 할 대상이지요. 그러므로 이웃에게 무한한 책임 의식을 느낍니다. 그뿐만 아니라, '하나님 앞에서' 하나님의 시선을 의식하기 때문에, 다른 사람 앞에서 수치를 당하는 것이 아니라 '하나님 앞에서' 수치를 당합니다. 이것이 바로 '거룩한 수치'입니다. 사르트르는 이런 거룩한 수치심을 알지 못했습니다.

하나님의 시선을 의식하며 살아가는 사람에게는 어떤 일이 일어날까요?

여느 타인이 아닌 '하나님' 앞에서 부끄러움을 느낍니다.

2 Ibid., 184쪽.

앞서 언급한 '거룩한 수치'입니다. 지난 시간에 우리가 함께 살펴봤듯이, 영원은 긍휼을 이해하고 있지만 돈을 이해하지 못합니다. 그리하여 부자 크리스천이 긍휼한 마음을 품고 다른 사람을 물질로 도울 때, 하나님 앞에서 부끄러워합니다. 부끄러워서 얼굴이 빨개질수록, 이 모습이 더욱 하나님을 기쁘시게 할 줄로 믿습니다.

마태복음6:2, "그러므로 구제할 때에 외식하는 자가 사람에게서 영광을 받으려고 회당과 거리에서 하는 것 같이 너희 앞에 나팔을 불지 말라. 진실로 너희에게 이르노니 그들은 자기 상을 이미 받았느니라."

부유한 크리스천은 마태복음의 이 말씀을 마음에 새깁니다. 그리하여 구제할 때, 오른손이 하는 일을 왼손이 모르게 은밀하게 합니다(마6:3~4). 자선을 베풀고 영광을 얻는 것이야말로 다른 사람에게 수치를 당하는 것으로 알고, 부끄러이 여긴 채 자기 얼굴을 감추는 사람과 같습니다. 다른 사

람들에게 영광을 받는 것은, 은밀한 중에서 보시는 하나님 앞에서는 오히려 부끄러운 일입니다. 이것이 바로 우리가 나누고자 하는 그 수치, '거룩한 수치'입니다. 하지만 예수님 당시의 바리새인은 이와는 정반대로 행동했습니다. 사람들에게 보이고 사람에게서 영광을 받으려고, 사람들 앞에서 의를 행하고 나팔을 불었습니다.(마6:1~2)

우리는 이 거룩한 수치를 얼마나 느끼며 살고 있는지요?

다시 누가복음 16장 본문으로 돌아갈까요? 이 부자는 긍휼하지 않았습니다. 부자가 거지를 전혀 돕지 않았던 것은 아닙니다. 거지 나사로는 부자의 상에서 떨어지는 '부스러기'를 먹을 수 있었으니까요. 하지만 이런 자선 행위는 사람을 비참하게 합니다. 나사로는 이때 수치심을 느낄 수 있습니다. 하지만 나사로는 아무것도 가진 것이 없고 또한 줄 수 없는 '거지'이기 때문에 부자를 향해 긍휼할 수는 없는 것일까요?

한편, 부자가 거지를 보면서 거룩한 수치를 느꼈다면 상황은 어떻게 되었을까 한번 상상도 해 봅니다. 어쩌면, 부자는 거지에게 '부스러기' 밖에 주지 못했던 자신의 행위를 돌아보면서 '수치'를 느끼지 않았을까요? 가슴을 치며 통곡하며 회개했을 지도 모릅니다. 하나님 앞에서 부끄러움을 당하지 않기 위해, '오른손이 하는 일을 왼손이 모르게' 거지에게 주었을 것입니다. 나사로 역시 누가 자기에게 선물을 주었는지 죽을 때까지 알지 못했을 것입니다.

죄책감은 자기 안의 양심으로 생성되는 반면,

수치심은 외부의 시선을 느낄 때

즉 타인에 의해서 만들어진다.

거룩한 수치란

하나님의 시선에 대한 의식이다.

부자 크리스천은 자선이 발견되는 수치를

당하지 않도록 숨는다.

5
예수 그리스도의 이름으로 일어나 걸으라

말씀: 사도행전 3:1~10

제 구 시 기도 시간에 베드로와 요한이 성전에 올라갈새 나면서 못 걷게 된 이를 사람들이 메고 오니 이는 성전에 들어가는 사람들에게 구걸하기 위하여 날마다 미문이라는 성전 문에 두는 자라. 그가 베드로와 요한이 성전에 들어가려 함을 보고 구걸하거늘, 베드로가 요한과 더불어 주목하여 이르되 우리를 보라 하니 그가 그들에게서 무엇을 얻을까 하여 바라보거늘, 베드로가 이르되 은과 금은 내게 없거니와 내게 있는 이것을 네게 주노니 나사렛 예수 그리스도의 이름으로 일어나 걸으라 하고 오른손을 잡아 일으키니 발과 발목이 곧 힘을 얻고 뛰어

서서 걸으며 그들과 함께 성전으로 들어가면서 걷기도 하고 뛰기도 하며 하나님을 찬송하니 모든 백성이 그 걷는 것과 하나님을 찬송함을 보고 그가 본래 성전 미문에 앉아 구걸하던 사람인 줄 알고 그에게 일어난 일로 인하여 심히 놀랍게 여기며 놀라니라.

지난 과에서 "거룩한 수치"라는 제목으로 말씀을 함께 나누었지요? 부유한 사람들일수록 긍휼한 마음으로 자선을 베풀 때, 하나님 앞에서만 느낄 수 있는 '거룩한 수치'를 더욱 경험할 수 있다고 나누었던 것을 기억하실 것입니다. 재물이 없어 부끄러움을 당하는 것은 세상의 관점에서의 수치입니다. 또한, 타인의 시선을 의식한 수치 역시 세상에서 말하는 것에 불과합니다. 크리스천은 이와는 전혀 다른 점에서 수치를 경험합니다. 즉, 재물을 수단 삼아 누군가를 도울 때, 사람들의 시선이 아니라 '하나님'의 시선을 의식하기에 얼굴이 빨개집니다. 거룩한 수치입니다.

이번에는 사도행전 3장 본문 말씀을 통해, 베드로와 요한이 겪었던 일을 주제로 삼아서 이 논의를 한 번 더 다루어 보고자 합니다. 나면서 못 걷게 된 이를 예수 그리스도의 이름으로 베드로가 일으킨 사건은 '아름다운 문'이라 불리는 성전 문 앞에서 일어났습니다. 사도행전을 기록한 누가는 오후 3시 기도 시간에 맞춰 베드로와 요한이 성전에 올라갔을 때의 일을 언급합니다. 나면서부터 못 걸었던 그 사람은 늘 하던 대로, 그날도 성전 앞에서 구걸했습니다. 그날은 마침 베드로와 요한이 성전에 들어가려던 참이었는데, 베드로가 그 사람에게 자기와 요한을 보라고 말합니다. 이 장애인이 그들에게서 무엇을 얻을까 하여 바라봤는데, 베드로가 다음과 같이 말했다는 것입니다.

"은과 금은 내게 없거니와 내게 있는 이것을 네게 주노니 나사렛 예수 그리스도의 이름으로 일어나 걸으라!"(6절)

그리고 베드로가 장애인의 오른손을 잡아 일으키니 그 사람의 발과 발목이 곧 힘을 얻게 되었고, 그가 뛰어 서서 걸으며 베드로와 요한과 함께 성전으로 들어가면서 걷기도 하고 뛰기도 하며 하나님을 찬송했다는 것이지요. 그 장면을 보고 있던 모든 사람은 그 회복된 사람이 본래 성전 미문에 앉아 구걸하던 사람인 줄 알았으며, 그 사람에게 일어난 일로 인하여 심히 놀랍게 여기며 또 놀랐다고 누가가 기록

하였습니다.

우리는 이 일 중에서 중요한 몇 가지를 나눌 것입니다. 이 사건은 여기에서 끝난 것이 아니라, 다음 4장까지 연결되어 있습니다. 4장과 함께 더 살펴보기로 할까요?

나면서부터 걷지 못한 사람을 베드로가 예수 그리스도의 이름으로 선포하고 고칠 때, 그에게 어떤 마음이 있었을까요?

베드로와 요한에게는 돈이 없었습니다. 구걸하는 사람에게 줄 수 있는 아무것도 없었습니다. 한마디로, 베드로는 자선을 행할 수가 없었던 상황이지만, 예수 그리스도의 이름으로 그를 고친 것은, 아무리 많은 돈으로도 베풀 수 없을 만큼의 엄청난 기적을 행한 것 아닌가요?

그런데도 당시 사람들 사이에서는 심각한 오해가 있었

던 것 같습니다. 사람들은 다른 무엇보다 **'기적'**에 관심이 많았습니다. 나면서부터 걷지 못했던 사람이 그 순간 고침을 받았다는 사실만으로도 사람들은 엄청난 충격을 받았을 것입니다. 그래서 베드로 주변에 모이기 시작했던 것이지요. 그러나 사람들이 베드로 주변에 모여들었을 때, 베드로는 다음과 같이 말했는데, 우리가 상상하건대 이보다 더 담대하며 엄중하고 비장하게 말할 수는 없었을 거로 생각합니다.

"이스라엘 사람들아, 이 일을 왜 놀랍게 여기느냐? 우리 개인의 권능과 경건으로 이 사람을 걷게 한 것처럼 왜 우리를 주목하느냐?"(12절)

베드로가 사람들의 반응에 이렇게 설교한 이유는 무엇일까요?

나면서부터 걷지 못한 사람을 고친 것은 베드로가 아니

었기 때문입니다. 절대 자기의 능력으로 그 사람의 병을 고친 것이 아님을 강조하려 한 것 같습니다. 베드로는 '예수 그리스도의 이름으로' 일어나 걸으라고 말만 한 것이기 때문입니다. 그러나 이것을 지켜본 모든 사람이 마치 베드로와 요한의 개인의 능력과 경건으로 장애인을 걷게 한 것처럼 심히 놀라고 자기들을 주목한 것이, 잘못되었기에 이것을 바로잡으려고 하는 것 같지 않습니까?

베드로는 사람들에게 설교하기 시작했습니다. "너희는 '생명의 주'를 죽였지만 하나님께서 죽은 자 가운데서 그를 살리셨고, 우리가 이 일에 증인이다. (행3:15)" 라고 말합니다. 그들을 '형제'라고 부르며, 그들과 관리들이 알지 못해서 그리스도를 죽였으니 회개하고 돌이켜 죄 없이 함을 받으라고 선포합니다.

"그러므로 너희가 회개하고 돌이켜 너희 죄 없이 함을 받으라. 이같이 하면, 새롭게 되는 날이 주 앞으로부터 이를 것이요. 또 주께서 너희를 위하여 예정하신 그리스도 곧 예수를 보내시리니 하나님이 영원 전부터 거룩한 선지자들의 입을 통하여 말씀하신 바 만물을 회복하실 때까지는 하늘이 마땅히 그를 받아 두리라. 모세가 말하되 주 하나님이 너희를 위하여 너희 형제 가운데서 나 같은 선지자 하나를 세울 것이니 너희가 무엇이든지 그의 모든 말을 들을 것이라. 누구든지 그 선지자의 말을 듣지 아니하는 자는 백성 중에서 멸망 받으리라 하였고 또한 사무엘 때부터 이어 말한 모든 선지자도 이 때를 가리켜 말하였느니라. 너희는 선지자들의 자손이요 또 하나님이 너희 조상과 더불어 세우신 언약의 자손이라 아브라함에게 이르시기를 땅 위의 모든 족속이 너의 씨로 말미암아 복을 받으리라 하셨으니 하나님이 그 종을 세워 복 주시려고 너희에게 먼저 보내사 너희로 하여금 돌이켜 각각 그 악함을 버리게 하셨느니라."(19~26절)

베드로는 예수님을 십자가에 못 박은 이스라엘 백성들에게도 긍휼한 마음을 품었다고 여러분도 생각하시죠? 여기에서 '새롭게 되는 날'은 무엇을 의미할까요?

물론 구원의 날일 것이지만, 더 적극적으로 표현하자면 이스라엘 백성들에게도 예수님의 마음이 생기는 날이 아닐까요? (빌 2:5절 이후 참고) 곧, 사도 바울처럼 예수님의 심장을 갖게 되는 '날' 말입니다.

여기까지 이야기를 정리하자면, 베드로가 예수 그리스도의 이름으로 능력을 행한 것을 지켜본 다른 모든 사람의 관심사는 '기적'에 있었습니다. 베드로는 사람들이 이런 관심 두는 것을 극도로 경계했습니다. **왜냐하면 그들의 관심은 결국 예수님의 긍휼에 그림자를 드리우는 것과 같기 때문입니다.** 따라서 베드로는 자신이 행한 기적을 통해 자기가 영광을 받는 것이 아니라, 오직 예수님의 영광이 나타나도록 한 것입니다. 진실로 이 사건은 긍휼이 행한 기적이었습니다. 누가 이것을 의심하겠습니까? 하지만 사람들은 긍휼이 아닌 기적에 집중합니다. 그만큼 긍휼에서는 멀어집니다. 따라서 이런 상황에서는, 긍휼이 오히려 아무것도 할 수 없고 아무것도 줄 수 없을 때만큼이나 그렇게 분명하게 나타날 수 없게 됩니다. 긍휼이 아무것도 할 수 없고, 아무것도 줄 수 없는 그곳, 그때! 거기에서만 오직 진정한 긍휼이 무엇인지 정확하게 볼 수 있도록, 방해하는 것은 어떤 것도 존재하지 않기 때문입니다.

하나님께서는 오직 긍휼만을 이해하고 계십니다. 따라서 당신이 긍휼이 무엇인지 배우고 싶다면, 바로 하나님께만 배워야 합니다. 하지만 이것을 배우기 위해서는, 당신 주변이 고요해야 합니다. 수십억, 수백억, 그 이상의 거액이든, 동전 두 닢만큼의 하찮은 금액이든 하나님께는 모두 똑같습니다. 다시 말해, 둘 다 아무것도 아닙니다. 둘 다 모두 0이거나, 혹은 0보다 못합니다. 오히려 마음만 산만해질 뿐입니다.

우리에게도 베드로와 같은 태도가 필요합니다. 베드로
는 스스로 능력을 갖춘 자로 여기며 우쭐해하지 않았습니
다. 오히려 사람들이 베드로를 그렇게 생각하게 될 것을 극
도로 경계했습니다. 능력을 행한 것은 자신이 아니고, 부활
하신 예수 그리스도이심을 담대히 선포합니다.

나는 아무것도 아니라는 것입니다. 그러나, 오늘날 사역
자 중에서는 예수 그리스도 이름으로 기적을 행하는 능력
을 마치 자기 능력인 양 자랑하는 사람들도 간혹 있다는 것
을 우리가 부인할 수 없을 것 같습니다. 따라서 우리는 더욱

조심하고 경계해야 하며 이를 위
해서도 더욱 주님 앞에 기도하
면서 깨어 있어야 합니다.

"그 때에 사람이 너희에게 말
하되 보라 그리스도가 여기 있다
혹은 저기 있다 하여도 믿지 말라.

거짓 그리스도들과 거짓 선지자들이 일어나 큰 표적과 기사를 보여 할 수만 있으면 택하신 자들도 미혹하리라."*(마태복음 24장 23~24절)*

재물로든 능력으로든 다른 사람을 도울 때 조심해야 하는 것이 있다면 그것은 무엇일까요?

자기의 능력이나 재물이 긍휼을 방해하지 않도록, 놀라움을 더하는 일이 없도록, 조심하고 또 경계해야 합니다. 돕는 자가 숨고 오직 긍휼만 나타나도록 하면 좋지만, 오늘 함께 나눈 성경 본문의 베드로처럼 능력을 행하고 즉시 숨을 수 없는 경우는, 그는 더욱 작아지고 아무것도 아닌 자가 되어야 합니다. 긍휼

은 절대 사람들 사이에서 소동을 일으키지 않습니다.

폭포가 파문의 생성을 방해하듯, 인간이 가진 재물과 능력은 긍휼을 오히려 방해할 수 있습니다. 재물과 능력이 있는 곳은 오히려 시끄럽고 혼란스럽습니다.

가난한 자에게 수백만 원 혹은 그 이상이라도 큰돈을 줄 수 있는 것이 긍휼인가요? 혹은 가난한 자에게 동전 두 닢을 줄 수 있는 것이 긍휼인가요?

금액은 중요하지 않습니다. 긍휼이란 그것을 '주는 방법'이기 때문입니다. 실제로 동전 두 닢에서 어쩌면 가장 큰 긍휼을 볼 수 있습니다. 이미 우리가 나눈 것처럼, 긍휼이 나타날 때 금액이 얼마인지는 중요하지 않습니다. 따라서 자기 소유로 다른 사람에게 재물을 줄 수 있든 없든, 혹은 자기 능력으로 다른 사람을 도울 수 있든 없든, 긍휼과는 아무 상관이 없습니다.

모든 것을 할 수 있는 자가 비참한 자를 위해 모든 것을 할 때, 그것은 긍휼인가요? '무'와 같은 것을 행할 수 있는 자가 비참한 자를 위해 이 '무'를 행한다면, 그것은 긍휼인가요?

　긍휼은 이 모든 것, 혹은 이 '무'가 무엇을 행하든, 그것만을 행하는 방법입니다. 그러나 우리는 아이러니하게도, 아무것도 행하지 않는 것에서 오히려 가장 큰 긍휼을 찾아볼 수 있습니다.

　여기 가난한 한 과부가 있습니다. 남편이 먼저 세상을 떠났고 지금 과부에게는 남편이 남긴 재산이라고는 전혀 없고 외동딸과 함께 근근이 살아가고 있습니다. 그러나 섭리는 이 외동딸에게, 마치 신데렐라나 콩쥐의 못된 계모인 것 같습니다. 불쌍한 엄마의 상황이 좋아지도록, 이 불쌍한 어린 외동딸이 도와줄 수 있게 해 주는 어떤 선물도 섭리는 허락하지 않았습니다. 이 불행한 소녀를 상상해 보십시오. 딸이 엄마를 위해 할 수 있는 것이 아무것도 없습니다. 딸은 무거운 인생의 짐을 진 채 탄식하고 있습니다. 딸이 엄마를 위해 할 수 있는 것이 기도 외에는 아무것도 없습니다. 그런데도 이 딸에게 허락된 약간의 능력이 있습니다. 이 작은 것, "무(nothing)"를 실천하는 데 있어서 창의력과 끈기를 갖고 있습니다. 어려운 삶 가운데 고통받는 엄마의 짐을 덜어주기 위해 딸이 할 수 있는 것은 "무"입니다. 그런데도 이것이 긍휼입니다!

어느 날, 이 불쌍한 모녀의 소문을 듣고 한 부자가 와서 엄마를 도와줍니다. 이 후원자가 모녀의 가정을 돕기 위해 찾아올 때마다 이 가엾은 소녀는 수치감을 느낍니다. 왜냐하면 부자는 그렇게 많은 것을 할 수 있지만, 아무것도 가진 것이 없고 아무것도 할 수 없는 딸은, 말 그대로 엄마를 위해 아무것도 할 수 없으니까요. 후원자의 긍휼조차도 소녀의 긍휼에 그림자를 드리우고 있습니다! 긍휼에 관해 지금까지와는 조금 다른 관점으로 혹은 좀 더 깊이 생각해 볼 수 있는 계기를 함께 가져 보았는데요. 여러분의 긍휼에 관한 생각이 좀 달라지셨는지요? 부자가 더 긍휼할 수 있다는 것, 바꾸어 말해 물질을 소유하지 못한 사람은 긍휼할 수조차 없다는 것. 이것은 아마도 그동안 우리가 잘못 생각해 온 것인지도 모른다는 겁니다. 물론! 이것은 부자와 가난한 자에 관한 이야기가 아니라는 말씀을 다시 드리고 싶습니다.

무엇이 완전한 긍휼일까요?

자기 능력으로 다른 사람들의 궁핍을 경감시키는 것입니까? 아니면 다른 사람의 행복과 기쁨을 방해하는 일이 없도록 조용하게 고난을 함께 겪으며, 인내함으로 긍휼하게 지켜보는 것입니까?

두 사람 중에 누가 더 사랑하는 사람일까요? 다른 사람의 고통을 바라보며 동정심을 품는 행운아입니까? 아니면 다른 사람의 행복과 기쁨에 진정한 동정을 품고 있는 불행한 자입니까? 정답은 없습니다. 그렇기에 저도 여러분이 스스로 답을 찾으시도록, 제 생각을 말씀드리기보다 질문만 드립니다. 그러나 아마 다음과 같이 말할 수도 있습니다.

"그러나 중요한 것은 이것입니다. 온갖 방법으로 궁핍은 채워져야 합니다. 세상의 모든 궁핍을 경감시키기 위해 가능한 모든 일을 다 해야 합니다."

이것은 의도한 대로 잘 진행될 때 세상에서 말하는 방식입니다. 세상에서는 다른 방식으로 말할 수 없습니다. 반면에 하나님께서는 아마도 이렇게 말씀하시진 않을까요?

"유일한 위험이 하나 있다. 그것은 긍휼을 실천하지 않는 위험이다. 온갖 궁핍 가운데 도움의 손길이 닿는다 해도, 그것이 긍휼을 행한 도움인지 아직 확실치 않다. 만일 이런 위험한 상황에서라면, 긍휼이 실천되지 않는 이 비참함이란 온갖 시간적인 궁핍보다 더욱 클 것이다."

우리가 여기서 기억해야 할 중요한 점은, 세상은 하나님을 이해할 수 없다는 것입니다. 세상은 일시적인 특성을 보이고 있고, 그만큼 궁핍에 관해 부산한 개념을 갖고 있습니다. 또한 선물의 크기, 즉, 궁핍을 채우기 위해 무언가를 할 수 있는 능력에 관해 물질적인 개념을 갖고 있습니다.

"가난한 사람들, 비참한 사람들은 실제로 죽을 수도 있어. 따라서 가장 중요한 것은 도움의 손길을 주어야 한다는 거지."

그러나 하나님은 이렇게 대답하실지도 모릅니다.

"가장 중요한 것은 긍휼을 실천하는 것이다. 도움은 언제나 긍휼의 도움이어야 한다."

하지만 사람들은 하나님께 기도합니다.

"우리에게 돈을 주세요. 우리에게 병원을 세워 주세요. 이것이 가장 중요한 겁니다."

하나님께서 대답하십니다.

"가장 중요한 건 긍휼이다. 영원의 관점에서 보면, 사람이 죽는다는 것은 불행이 아니다. **긍휼을 실천하지 않는 것, 그것이 불행이다."**

우리는 지금까지 가난한 자가 베풀 수 있는 긍휼에 관해서는 전혀 생각하지 못했던 것은 아닌가요?

가난한 자가 실천할 수 있는 긍휼이 있다는 사실을, 우리는 어쩌면 그동안은 애써 외면하고 무시해 왔던 것은 아닌가요? 긍휼을 실천하는 것은 언제나 부자의 몫인 것처럼 말할 때가 얼마나 많았습니까? 그러나 아무것도 줄 수 없는 이 긍휼이야말로 얼마나 큰 긍휼인지요?! 이제 나사로에게 권면할 때가 되었습니다.

부자의 상에서 떨어지는 부스러기를 먹는 나사로여,
부자로 인해 수치를 당하고 있는 나사로여,
부자를 향해 긍휼하십시오.

"긍휼을 행하지 아니하는 자에게는 긍휼 없는 심판이 있으리라. 긍휼은 심판을 이기고 자랑하느니라"(약 2:13)

긍휼은 아무것도 할 수 없고

아무것도 줄 수 없을 때만큼이나

그렇게 분명하게 나타날 수 없다.

폭포가 파문의 생성을 방해하듯,

인간이 가진 재물과 능력은

오히려 긍휼을 방해할 수 있다.

6
긍휼의 향기

말씀: 레1:1~9

여호와께서 회막에서 모세를 부르시고 그에게 말씀하여 이르시되, 이스라엘 자손에게 말하여 이르라. 너희 중에 누구든지 여호와께 예물을 드리려거든 가축 중에서 소나 양으로 예물을 드릴지니라. 그 예물이 소의 번제이면 흠 없는 수컷으로 회막 문에서 여호와 앞에 기쁘게 받으시도록 드릴지니라. 그는 번제물의 머리에 안수할지니 그를 위하여 기쁘게 받으심이 되어 그를 위하여 속죄가 될 것이라. 그는 여호와 앞에서 그 수송아지를 잡을 것이요 아론의 자손 제사장들은 그 피를 가

져다가 회막 문 앞 제단 사방에 뿌릴 것이며, 그는 또 그 번제

물의 가죽을 벗기고 각을 뜰 것이요. 제사장 아론의 자손들은

제단 위에 불을 붙이고 불 위에 나무를 벌여 놓고 아론의 자손

제사장들은 그 뜬 각과 머리와 기름을 제단 위의 불 위에 있는

나무에 벌여 놓을 것이며 그 내장과 정강이를 물로 씻을 것이

요 제사장은 그 전부를 제단 위에서 불살라 번제를 드릴지니

이는 화제라 여호와께 향기로운 냄새니라.

인류 역사상 세금 중에 '오줌세', '수염세', '공기세', '창문세' 등 별별 황당한 세금들이 있었다는 사실, 혹시 들어보셨는지요? 그중에서 이름만 들어도 왠지 냄새가 나는 것 같은 이 오줌세는 로마 황제 '베스파시아누스(Vespasianus)'가 부과한 세금입니다. 베스파시아누스 황제는 로마의 대표적인 건축물인 콜로세움을 건설한 것으로 매우 유명한 황제입니다. 눈에 불을 켜고 영토 확장에 열을 올렸던 이 황제는 이것을 위해 큰 규모의 군대를 유지하기 위한 막대한 비용이 필요했기 때문에 오줌세라고 하는 말만 들어도 황당한 세금을 신설했다고 합니다. 당시 로마는 길거리 곳곳에 공중화장실이 있어 누구나 이용할 수 있었는데, 이곳에 모인 오줌으로 양털 업자들이 양털의 기름기를 제거하며 더욱 하얗고 깨끗한 양털을 판매하게 되어 많은 수익을 올리게 되자, 이들에게 '오줌세'를 징수했다고 합니다. 아들 티투스가 "하다못해 오줌에 세금을 붙인다고 사람들이 비아냥거린다"고 황제에게 전하자, 베스파시아누스 황제는 오줌세로 거둔 돈

조각을 아들의 코에 대고 "그러면 이 돈에서 냄새가 나느냐?"고 물었습니다. 티투스가 "냄새가 나지 않는다"라고 대답했기 때문에, 이 말이 명언으로 남아 아직도 쓰이고 있다고 합니다. "돈에서는 냄새가 나지 않는다."라는 이 말을 저의 방식으로 조금은 극단적으로 표현해 보면 아무리 더럽거나 나쁜 일로 벌어들인 돈이라도 돈은 돈이다, 돈은 그만큼 귀하다, 혹은 돈의 근원은 묻지도 따지지도 말라, 이런 뜻이 아닌가 합니다. 여러분은 혹시 다른 의견이 있으신지요?

황제는 아들에게 요즘 말로 '참교육'을 시키고자 했던 것 같습니다. 그러면서 황제는 아들에게 돈 냄새를 맡지 말라고 말했다고 전해집니다. 돈이 중요하지, 돈이 어떻게 벌렸는지 근원은 따지려 들지 말라 는 뜻이었던 것 같습니다. 제가 만일 세상에서 엄청난 부를 일군 재력가로서, 아니, 설사 그렇지 못하더라도 돈이 정말 중요하다는 가치관을 자녀에게 심어 주려는 부모라면, 저도 이 황제처럼 교육할 것 같습니다. **그러나 이와는 정반대로, 기독교는 오히려 돈 냄새를 맡으라고 가르칩니다.** 돈에서는 본질적으로 역겨운 냄새가 난다고 가르치면서 말입니다. 실제로 성경에서도 돈에 관한 이야기가 꽤 나옵니다. 그러나 신약성경으로 갈수록 돈에 관해서 부정적인 말들이 많이 나옵니다. 여러분도 많이 아시겠지만, 대표적인 구절 몇 개만 소개해 볼까요? 바리새인들이 예수님을 올무에 걸리게 하려고 세금 문제를 질문할 때, "가이사의 것은 가이사에게, 하나님의 것은 하나님께 바치라(마 22:21)." 말씀하신 것은 세상에 속한 돈과 하나님께 속한 것을 구별해 주신 말씀입니다. "바리새인들은 돈을 좋아하는 자들이라(눅 16:14)." "그들이 듣고 기뻐하여 돈을 주기로 약속하니 유다가 예수를 어떻게 넘겨 줄까 하고 그 기회를 찾더라(막 14:11)." 이 말씀들은, 바리새인들과 유다에 관해 부정적인 표현을 담고 있습니다. 이 외에도 "돈을 사랑하지 말라"는 구절도 이후에 더 나옵니다. 어쩌면 오줌의 지린내보다 더 역겨운 냄새가 나는 것으로 돈을 묘사하고 있는 곳이 바로 성경입니다. 이번 과에서는 이 역겨운 냄새로 이야기를 열어 봅니다.

이 역겨운 냄새는 돈을 사랑하다 못해 숭배하는 사람들 때문에 납니다. 바다에서 배를 앞질러 가는 청어 떼가 아무리 많다 해도, 돈을 숭배하는 데 길든 사람보다 많지 않습니다. 오늘날 많은 사람이 자본주의 경제체제를 넘어 물질만능주의에 길들어 있다고 생각하지 않으시는지요?

한 가정에서 일어날 수 있는 일화를 얘기해 볼까요? 그 집의 가장은 토요일에, 내일은 주일이니 교회를 가야 한다고 가족에게 명령합니다. 그러나 다음 날 무슨 일이 일어납니까? 주일 아침, 교회 가야 할 시간에, 자녀들은 아직 나타나지 않습니다. 돈을 숭배하라고 평소에 진지하게 자녀들을 교육했던 아버지, 그는 이 상황에서 어떻게 할까요? 물론 아무 말도 하지 않을 수도 있지만, 혹은 이런 말을 할 수 있습니다.

"아이들이 준비하지 않는다면 오늘은 그냥 집에 있어야

지. 할 수 있는 건 그게 전부야."

그러나 실상은 아무 말도 하지 않은 것이나 마찬가지입니다. 왜냐하면 자녀들에게 예배를 드리지 못하는 것에 관해 어떤 훈계나 책망도 하지 않았기 때문입니다.

그러나 그 아이들이 교회가 아닌 '극장'에 가야 한다면, 그 특별한 시간에 맞춰 준비를 하지 않았다면, 이것은 얼마나 끔찍한 일인지 한번 상상해 봅시다. 저의 경우에도 가끔 영화표를 미리 사고 아이들과 함께 영화 상영 시간에 맞춰 극장을 가니, 마침 이 가장 – 돈에 항상 진지하다 못해 숭배하라고 교육하는– 은 이런 상황에서 어떤 말과 행동을 할까 더욱 궁금해 집니다. 또 왜 그런 행동을 하는지도 한번 생각해 볼까요? 영화관에 가야 할 이 엄중한 시각에 맞춰 외출 준비를 하지 못한 자녀들은, 아버지로부터 아주 엄격하고 진지한 꾸중을 듣게 될 것입니다. 왜냐하면 이런 경우라면, 영화를 보기 위해 표를 예매했던 많은 돈이 낭비되기 때문입니다. 이토록 중요한 일을 위해 준비하지 못했다는 것은 용서받지 못할 큰 범죄입니다. 그러나, 주일에 교회를 가지 않고 그냥 집에 남게 되면 교회에 낼 헌금을 절약하게 됩니다.

따라서 자신이 지닌 돈에 관한 가치관에 맞춰 자녀들을 진지하게 양육했던 아버지는, 이후에도 일관성 있어야 할 훈육을 위해 자녀들을 체벌하지 않을 수가 없습니다. 단정하게 외출 준비를 하지 못한 것은 그리 중요한 것이 아닙니다. 이 경우에 아버지가 느낀 죄책감은 주일날 교회를 가지 않은 정도의 죄책감과 같았을 것입니다. 그러나 이것보다 더한 진지함은 영화 시각에 맞춰 미리 표를 구매했던 그 돈! 바로 그 돈을 어이없이 상실했다는 데 있습니다. 보십시오. 이것이 자녀들이 그를 아버지라 부르는 이유입니다. 이것이 그가 아버지답고 가장다운 위엄을 갖추게 된 이유입니다. 책임감 있게도 아버지다운 위엄을 활용한 예입니다. 이것을 훈육이라 부릅니다! 맞습니다. 훈육일 수 있습니다. 그 대신, 이런 식으로 가정 교육을 받으며 자라난 것은 인간이 아니라 돈만 아는 멍청이, 괴물, 혹은 수전노였다는 것을 제외하고 말입니다! 이때, 돈에서 역겨운 냄새가 납니다.

이 역겨운 냄새를 제거할 방법이 있나요?

언제나 그렇듯이, 역겨운 냄새를 제거하기 위해 기독교는 더 강렬한 향기를 가져옵니다. 긍휼을 먼저 가져오십시오. 그때 돈을 가져올 수 있습니다. 그러나 긍휼 없는 돈은 정말 역겨운 냄새를 풍깁니다. 보십시오. 거지 역시 이 역겨움을 말할 수 있습니다. 황제와 자본가만큼이나 그의 말이 치명적인 것은 당연합니다. 그러나 긍휼은 강한 향기입니다. 성경은 다음과 같이 말합니다.

히브리서 13:15~16, "그러므로 우리는 예수로 말미암아 항상 찬송의 제사를 하나님께 드리자. 이는 그 이름을 증언하는 입술의 열매니라. 오직 선을 행함과 서로 나누어 주기를 잊지 말라. 하나님은 이같은 제사를 기뻐하시느니라."

에베소서 5:2, "그리스도께서 너희를 사랑하신 것 같이 너희도 사랑 가운데서 행하라. 그는 우리를 위하여 자신을 버리사 향기로운 제물과 희생제물로 하나님께 드리셨느니라."

빌립보서 4:18, "내게는 모든 것이 있고 또 풍부한지라. 에바브로디도 편에 너희가 준 것을 받으므로 내가 풍족하니 이는 받으실 만한 향기로운 제물이요, 하나님을 기쁘시게 한 것이라."

레위기 1:9, "그 내장과 정강이를 물로 씻을 것이요 제사장은 그 전부를 제단 위에서 불살라 번제를 드릴지니 이는 화제라. 여호와께 향기로운 냄새니라."

기도, 즉 하나님께 드리는 감사의 말이, 입술의 열매로 올려드리는 제물(offering)이요 하나님께 기쁨이 된다면, 긍휼은 실제로 마음의 제물이요, 하나님께 향기로운 냄새입니다. 당신이 하나님을 생각할 때, 그분께서는 돈에 관해서는 최소한의 이해조차 없다는 것을 절대 잊지 마십시오.

당신이 크리스천이라면, 무엇을 선택하겠습니까? 자선을 실천하라고 부자에게 말하겠습니까, 아니면 긍휼을 실천하라고 가난한 자에게 말하겠습니까?

오, 긍휼을 실천하라고 가난한 자에게 말할 때, 말로 형용할 수 없을 만큼 강렬하게 화해시키는 것이 있습니다!

가난한 사람이 아니라 당신 자신을 위하여 이것이 얼마나 필요한지 스스로 쉽게 찾을 수 있습니다. 시도만이라도 해보십시오. 그러면 그 개념이 즉시 뒤집히는 것을 보게 될 것입니다. 가난한 자는 아무것도 줄 것이 없으므로 그들에게 긍휼을 말하는 것은 아무 소용이 없고, 따라서 부자가 가난한 자에게 긍휼해야 할 것처럼 생각했던 그 생각이 뒤집힐 것입니다.

가난한 자들은 궁핍함 속에 있습니다. 그러나 가난한 자들은 긍휼을 실천할 수 있는 능력을 갖췄는데도 그렇게 생각하지 않는 세상에서 버림을 당합니다. 따라서 부자가 그들에게 긍휼을 실천할 만큼 친절할 때, 기껏해야 그 부자에게 굽실대며 감사해야만 하는 존재로, 긍휼함을 받는 불쌍한 대상으로 선택받는 것 외에는 다른 것에는 온전히 버려집니다. 긍휼의 하나님이시여, 이것이 과연 긍휼인지요?!

만일 오늘이 추수 감사 주일이라고 합시다. 우리가 구약의 시대에 살았다면, 하나님께 번제를 드렸을 것입니다. 제물을 불에 태워 그 향기로 하나님을 기쁘시게 해드리는 제사 말입니다. 즉, 번제단 위에 제물로 바쳐진 짐승의 가죽을 제외한 모든 것을 거룩한 불에 완전히 태워 그 향기(연기)로 하나님께 올려 드리는 제사입니다.(레 1:2~9) 한편, 번제라는 것이 철저한 자기희생과 헌신을 상징하는 만큼 번제를 드리는 사람은 무엇보다 먼저 하나님을 알아야 합니다. 그리고 구원의 하나님께 감사해야 합니다.

번제에는 특징이 있습니다. 먼저, 번제는 희생제물을 완전히 태우기 때문에, 제사 후에 그것을 레위인이나 제사장이 먹을 수 없습니다. 완전한 제사이지요. 또한, '하나님 앞에서' 드리는 제사입니다. 즉, 예배자는 언제나 '하나님의 시선'을 의식합니다. 이것이 다른 사람의 시선을 의식하는 무신론적 실존주의자 사르트르의 시선과 다른 이유입니다.

번제 드리는 자는 희생 동물의 머리에 손을 얹어 안수하는 절차를 거칩니다. 왜 동물에게 안수하는 것일까요?

이것은 제물이 예배자를 대신해서 희생당하는 것을 상징하며, 죄가 희생 동물에게 전가됨을 나타내는 것이기 때문입니다. 희생 동물은 사실상 예배자의 소유입니다. 따라서 예배자가 여호와께 드리는 제물로 바치는 것입니다. 모든 번제는 예물을 드리는 자가 직접 죽이고 각을 떠야 하지만, 오직 새만큼은 제사장이 직접 죽였습니다. 게다가 새는

새끼로 드렸기 때문에 크기도 아주 작고 피의 양이 적었기 때문에 제사장이 직접 드려도 될 정도였기 때문이 아닐까 합니다만, 이것은 제 생각에 불과하다는 말씀을 드립니다.

성경에서 이렇게 번제를 드린 대표적인 예는 누구일까요?

아브라함이 이삭을 하나님께 제물로 드리기로 했을 때, 번제로 드릴 것이 예정되었습니다. 그렇다면, 이것은 얼마나 끔찍한 행위입니까? 동물 아닌 사람을 각을 떠야 하다니요?! 게다가 사랑하는 독자를 말입니까? 각을 뜨는 것이 무엇입니까? 오늘 본문에 나온 대로, 제물의 가죽을 벗기고, 내장을 다 끌어내고, 사지를 전부 절단하는 것을 의미합니다.

구약시대라도 다를 것 없이 가난한 예배자는 하나님께

바칠 것조차 없다 보니, 아마도 비둘기를 잡아 번제로 드렸던 것 같습니다. 한편, 신약에서 예수님께서 말씀하신 가난한 과부를 생각해 보십시오. 과부이기에, 가난하기에, 하나님께 드릴 것이 동전 두 닢밖에 없습니다. 이것은 무엇을 의미하는 것일까요? 동전 두 닢이 아닌, 실로 자기 자신을 희생 제물로 하나님께 바친 것은 아닐까요? 이러한 관점에서 우리가 다시 생각해 본다면, 이토록 보잘것없고 하찮은 제물이 오히려 예수님 마음을 닮은 이유이기도 합니다. 왜냐하면 주님께서는 스스로 희생 제물이 되셨기 때문입니다.

우리가 지난 과에서, 가난한 자의 긍휼이 부자의 긍휼보다 더 완전한 긍휼이라고 나누었음을 기억하시죠? 왜 그렇습니까?

제물과 관련해서 설명할 수 있습니다. 가롯 유다가 스

스로 죽음을 택한 이유는 그에게 긍휼이 없어서였다고 말씀을 드렸습니다. 그의 '창자'가 터져서 죽었는데, 이 단어의 헬라어 원어는 '스플랑크나'로, 창자라는 뜻으로도 쓰이지만 상징적으로 '예수님의 마음'을 뜻하는 용어로도 쓰인다고 말씀을 드린 것을 기억하실 겁니다. 오늘 본문에 인용된 성경 말씀에서도 번제로 예배를 드리는 절차 가운데 중요한 것은 먼저 '내장과 정강이'를 물로 씻는 행위입니다. 저는 이 구약의 말씀이 어떻게 긍휼과 연결이 되는지는 지금도 잘 모르겠습니다.

그러나 그보다 비교할 수 없이 중요한 것은, 가난한 자가 긍휼할 때, 자신에게는 물론이고 다른 사람에게 아무것도 줄 수 없을 때, 그러나 다른 사람에게 긍휼한 마음을 품을 때, 즉, 거지 나사로가 부자를 향해 긍휼할 때, 이 가난하고 비참한 자도 결국 자기를 희생제물로 하나님께 드린 것이나 마찬가지가 아닐지 생각합니다. 그때, 자신을 제물로 드린 예수님과 비슷한 상황에 들어가는 겁니다. 어떤 귀한 제물을 드린 것보다 값진 것이고, 어떤 아름다운 향기보다 하나님 코에 향기로운, 긍휼한 마음의 향기입니다. 이것이 어떤 긍휼보다 완전한 이유이기도 합니다. 이 긍휼이 우리 모두에게 있기를, 예수님의 이름으로 축복합니다.

돈의 역겨운 냄새를 제거하기 위해

기독교는 긍휼의 향기를 가져온다.

기도가 입술의 열매로 올려드리는 제물이요

하나님께 기쁨이 된다면,

긍휼은 실제로 마음의 제물이요,

하나님께 향기로운 냄새다.

7
그리스도의 시험과 기적

말씀: 요 6:1~15

그 후에 예수께서 디베랴의 갈릴리 바다 건너편으로 가시매 큰 무리가 따르니 이는 병자들에게 행하시는 표적을 보았음이러라. 예수께서 산에 오르사 제자들과 함께 거기 앉으시니 마침 유대인의 명절인 유월절이 가까운지라. 예수께서 눈을 들어 큰 무리가 자기에게로 오는 것을 보시고 빌립에게 이르시되 우리가 어디서 떡을 사서 이 사람들을 먹이겠느냐 하시니, 이렇게 말씀하심은 친히 어떻게 하실지를 아시고 빌립을 시험하고자 하심이라. 빌립이 대답하되 각 사람으로 조금씩 받게 할지라도 이

백 데나리온의 떡이 부족하리이다. 제자 중 하나 곧 시몬 베드로의 형제 안드레가 예수께 여짜오되, 여기 한 아이가 있어 보리떡 다섯 개와 물고기 두 마리를 가지고 있나이다 그러나 그것이 이 많은 사람에게 얼마나 되겠사옵나이까? 예수께서 이르시되 이 사람들로 앉게 하라 하시니 그 곳에 잔디가 많은지라 사람들이 앉으니 수가 오천 명쯤 되더라.

예수께서 떡을 가져 축사하신 후에 앉아 있는 자들에게 나눠 주시고 물고기도 그렇게 그들의 원대로 주시니라. 그들이 배부른 후에 예수께서 제자들에게 이르시되 남은 조각을 거두고 버리는 것이 없게 하라 하시므로, 이에 거두니 보리떡 다섯 개로 먹고 남은 조각이 열두 바구니에 찼더라. 그 사람들이 예수께서 행하신 이 표적을 보고 말하되 이는 참으로 세상에 오실 그 선지자라 하더라. 그러므로 예수께서 그들이 와서 자기를 억지로 붙들어 임금으로 삼으려는 줄 아시고 다시 혼자 산으로 떠나 가시니라.

그리스도께서 침례 요한에게 침례받으신 후에 성령에게 이끌리어 마귀에게 시험을 받으러 광야로 가셔서 사십 일을 밤낮으로 금식하신 후에 주리셨습니다. 예수님께서 당하신 시험은 평범한 우리 인간이 당할 수 있는 그런 시험이 아닙니다. 배가 고플 때 행한 기적을 우리는 대단한 것으로 여깁니다. 그리하여, 수많은 사람이 배가 고프고 기진하였을 때, 떡 다섯 개와 물고기 두 마리로 5,000명을 먹인 이것을 우리는 대단한 기적을 행한 것으로 생각하고 그분께 열광합니다. 너무 놀라운 일이라서 믿기를 거부하는 사람들이 있는 것도 사실입니다.

하지만 그리스도께서 당하신 시험을 한번 생각해 볼까요? 주님께서는 40일을 주리셨습니다. 하루 3끼를 굶고, 하루 이틀, 일주일, 그리고 열흘. 이십일이 지나고 한 달, 그러고도 또 열흘을 더 굶으셨다는 말입니다. 저 같은 경우에는 더욱 상상조차도 할 수 없는 기간의 금식입니다. 주님께서는 오병이어를 씨앗으로 삼아 5,000명이나 먹이고도 또 열두 바구니가 가득 찰 수 있는 떡과 고기를 만들 수 있을 정도로, 혹은 더 놀라운 기적까지도 베풀 능력을 지닌 분이셨습니다. 그런 그분께서 40일을 굶주리셨습니다. 마귀는 이런 상황에서 나타나 예수님을 시험합니다. 광야에 널린 돌들로 떡 덩이가 되게 하라고 말입니다.

"그 때에 예수께서 성령에게 이끌리어 마귀에게 시험을 받으러 광야로 가사 사십일을 밤낮으로 금식하신 후에 주리신지라. 시험하는 자가 예수께 나아와서 이르되 네가 만일 하나님의 아들이어든 명하여 이 돌들로 떡 덩이가 되게 하라. 예수께서 대답하여 이르시되, 기록되었으되 사람이 떡으로만 살 것이 아니요, 하나님의 입으로부터 나오는 모든 말씀으로 살 것이라 하였느니라 하시니"(마 4:1~4)

예수님은 '기적'을 행할 수 있는 분이셨습니다. 여러분도 기적을 믿으시지요? 하지만 그런 주님께서 자신을 위해 기적을 행하지 않았습니다. 이유가 무엇일까요? 바로 그 순간에 떡이든 고기든 포도주든 만들 수 있는 기적, 그 능력을 갖췄음에도 그것을 사용하지 않는 것, 이것은 얼마나 초인 적인 고통입니까?! 그런데도 주님께서는 왜 기적을 행하지 않았는지, 한번 생각해 보신 적이 있는지요?

주님께서 작은 떡덩이 겨우 다섯 조각과 물고기 두 마리로 5,000명을 먹이고도 남는 기적을 행하신 것을 믿으시지요? 그런데, 40일을 굶주리신 주님은 기적을 행하지 않았습니다.

저의 경우에는 단 한 끼만 굶어도 이후로는 온통 먹는 것밖에 생각나지 않습니다. 그럴수록 더 먹고 싶은 것이 많아지고, 배는 더욱 고파집니다. 배가 고픈 것에만 집중하게 됩니다. 우리와 같은 육신으로 오셨던 예수님께서 40일을 굶었다면 얼마나 힘들었을까요? 예수님께서 사역의 초기에 일부러 육신을 가진 '우리' 때문에 육신의 고통을 당하신 것으로 생각할 수 있지 않을까요? 모든 것이 가능한 '우주 최고' 전능하신 분께서 40일을 주리시고도 자신을 위해 아무것도 하지 않으셨고 돌이 떡 덩이가 되게 하지도 않으셨습니다. 사람들은 예수님을 미친 사람으로 취급하거나 혹은 조롱했을 것입니다. 주님께서 인간에게 가장 기본적인 '의식주', 또 그중에서도 음식 때문에 고통당할 때, 사람들은 아마도 다음과 같이 말할 것입니다.

"그는 아무런 도움도 필요로 하지 않는 사람이야. 어차피 자기를 위해서도 어떤 기적이든지 일으킬 수 있기 때문이지. 과연 앞으로 어떤 기적을 일으킬지 한번 지켜보자!"

우리 가엾으신 주님께서는 이런 식으로 아무런 도움도 받지 못한 채 홀로 있지 않았나요? 전능한 분께서 못할 일이 무엇이 있겠습니까? 그런데도 그분은 사역의 초기, 극한의 상황에서 40일이나 주리시면서 자신을 위해 '일부러' 아무것도 하지 않으셨습니다. 그리스도의 삶, 아니 조금 더 양보해 사도의 삶이라는 것은, 말 그대로 가장 기본적인 의식주, 그것도 매일, 매 끼니의 일용할 양식과 관련해 항상 고통당하고 있는 그런 것입니다. 주님께서도 그렇게 이 세상에서 주리셨습니다. 한 마디로, 그분은 거지꼴을 하고 다니셨습니다. 세상의 주인 되신 분께서 말입니다. 그때 아마 기적은 일어날 수도 있고, 또 아닐 수 있습니다. 기적, 이것은 끔찍한 고문입니다. 여러분은 이것을 한 번이라도 생각해 본 적이 있으신가요?

모든 것을 하실 수 있는 분께서 일부러 아무 일도 하지 않고 있습니다. 너무나 적은 양인 떡 다섯 개와 물고기 두 마리를 가지고(남자 성인만 센 숫자만 해도) 5,000명을 배불리 먹이고도 열두 바구니를 남길 수 있는 분께서 자신을 위해서는 아무것도 하지 않으셨습니다. 이것이 고문이 아니라고 말할 수 있는 사람이 있을까요? 주님의 긍휼하심 때문임을 믿을 수 있겠는지요?

"예수께서 모든 도시와 마을에 두루 다니사 그들의 회당에서 가르치시며 천국 복음을 전파하시며 모든 병과 모든 약한 것을 고치시니라. 무리를 보시고 불쌍히 여기시니

이는 그들이 목자 없는 양과 같이 고생하며 기진함이라."(마 9:35~36)

주님께서는 아무것도 할 수 없는 자들에게 긍휼한 마음을 갖고 계셨습니다. '불쌍히' 여기시는 예수 그리스도의 '심장' 말입니다. 그분의 긍휼하신 마음은 고통을 겪는 자들과 함께하고자 합니다. 그래서 모든 것을 하실 수 있는 분께서 아무것도 하지 않고 계십니다. 고통스러운 상황을 뒤집을 수 있는 기적을 베풀 수 있는 분께서 일부러 기적을 일으키지 않고 고통 가운데 머무는 것과, 아무것도 할 수 없기 때문에 그저 당해야만 하는 고통 가운데 어쩔 수 없이 남아 있는 것, 이 둘 중에서 어느 것이 더 힘든 것으로 생각하는지요? 주님께서는 십자가에 달려 돌아가시기까지, 정말 아무것도 하지 않으셨습니다!

주님께서는 이 땅에 오셔서 자신이 처한 비참한 환경을 바꾸지 않으셨으며, 가난한 자를 부자로 만들지 않으셨습니다. 혹은 노예를 해방해 주지도 않으셨습니다. 오히려, 더욱 낮은 자리에서 죄인과 세리의 친구가 되었습니다. 주님의 긍휼하심이 없이 어떻게 이런 일을 할 수 있겠습니까!

예수님께서 오병이어의 기적을 베풀고 난 후, 사람들의 무리는 예수님을 왕으로 세우려 했으나 주님은 도망치셨습니다. 기적이 주목받고 높은 자리에 오르고, 사람들은 기적만을 원하는 그런 상황을 원하지 않으셨던 것으로 보입니다. 물론, 예수님께서 이것을 위해 세상에 오신 것이 아니었지요. 어쨌든 이런 점에서 오병이어의 기적은 풍요와 절약 사이에서의 신성한 일치를 보여주는 예입니다.

"그들이 배부른 후에 예수께서 제자들에게 이르시되 남은 조각을 거두고 버리는 것이 없게 하라 하시므로 이에 거두니 보리떡 다섯 개로 먹고 남은 조각이 열두 바구니에 찼더라." (요6:12~13)

다른 복음서와 달리, 같은 오병이어의 사건이지만 요한

은 약간 다르게 서술하고 있습니다. 다른 복음서는 그냥 '열두 바구니'가 찼다고 기록하지만, 요한은 예수께서 남은 조각을 거두고 버리는 것이 없게 하라고 제자들에게 직접 명령하신 것으로 기록했습니다. <u>모든 것을 하실 수 있는 전능한 분께서 부스러기에도 관심을 가지셨다는 사실이 놀랍지 않습니까?</u>

　놀라운 기적을 행하는 사람이 부스러기 따위를 모으는 것에 관심을 가진다는 것을, 여러분은 상상할 수 있습니까?

　그러나 그리스도께서는 기적을 행하셨고, 언제나 기적을 행하실 수 있으며, 또한 **부스러기**에도 관심이 있습니다. 관심 정도만 아니라, 모을 것을 명령하십니다. 부스러기라고 절대 무시하지 않으십니다. 꺼져가는 등불이지만, 일부러 끄지 않으십니다. 이미 상한 갈대임에도 일부러 꺾지 않으십니다. 부스러기라도 경멸하지 않으시는 분. 꺼져가는 것, 죽어가는 것, 이런 것에조차 관심이 있으시고 기회를 주시는 분. 바로 주님의 긍휼하심이 이렇게 이끄는 것을 여러분도 알 수 있으시지요? 주님께서는 사람들을 배불리 먹이고도 남은 조각으로 열두 바구니를 모으셨습니다. 가장 부유한 사람이 가장 가난한 사람처럼 부스러기를 모은 것. 이것이야말로 세상에서 가장 신성한 일인 것 같단 생각에 여러분도 동의하시는지요?

그리스도께서 오천 명을 먹이신 사건처럼, 적은 것 혹은 전혀 없는 것에서 많은 것, 혹은 뭔가 생기는 것. 이런 일들을 우리는 일반적인 기적으로 여깁니다. 사람들은 이런 일들을 대단히 놀랄만한 일, 기적으로 여기고 이런 일에만 관심을 둡니다. 그러나 그리스도께서는 역으로 기적을 행하십니다. 즉, 많은 것이든 적은 것이든(어떤 것이 되고자 하는 모든 것), 무한히 굴욕적이게도, **그것을 오히려 아무것도 아닌 것으로 만드십니다.** 이 기적이 훨씬 쉬운 것 아니냐고요? 얼핏 그런 것 같지만, 제 생각에는 절대로 그렇지 않습니다. 모든 질적인 변화, 모든 무한한 질적 변화는 정말로 기적입니다. 기적일 수밖에 없습니다. 아마도 어떤 한 사람이 다른 사람이 가진 약점이나 부족한 점을 지적할 수 있습니다. 하지만 그것이, 게다가 무한히, 아무것도 아님을 보여주는 것, 그러한 일은 오직 하나님만 하실 수 있으며 인간은 이런 식으로 자신을 무한히 낮출 수 없습니다. 바로 이것 때문에 주님께서 낮아지신 것입니다.

"지나가는 자들은 자기 머리를 흔들며 예수를 모욕하여 이르되, 성전을 헐고 사흘에 짓는 자여 네가 만일 하나님의 아들이어든 자기를 구원하고 십자가에서 내려오라 하며, 그와 같이 대제사장들도 서기관들과 장로들과 함께 희롱하여 이르되, 그가 남은 구원하였으되 자기는 구원할 수 없도다. 그가 이스라엘의 왕이로다. 지금 십자가에서 내려올지어다. 그리하면 우리가 믿겠노라. 그가 하나님을 신뢰하니 하나님이 원하시면 이제 그를 구원하실지라. 그의 말이 나는 하나님의 아들이라 하였도다 하며, 함께 십자가에 못 박힌 강도

들도 이와 같이 욕하더라."(마27:39~44)

　　모든 것을 하실 수 있는 전능자가 아무것도 할 수 없는 자로 전락합니다. 다른 사람은 구원해도 정작 자기는 구원할 수 없는 자가 됩니다. 이렇게 주님께서는 친히 제물이 되셨습니다. 가난한 자, 병든 자, 약한 자, 죄인과 동류인 자가 되셨습니다. 그때, 주님께서는 마치 가진 자가 시혜와 자선을 베푸는 것처럼 그들을 도운 것이 아니었습니다.

　　"우리에게 있는 대제사장은 우리의 연약함을 동정하지 못하실 이가 아니요, 모든 일에 우리와 똑같이 시험을 받으신 이로되 죄는 없으시니라. 그러므로 우리는 긍휼하심을 받고 때를 따라 돕는 은혜를 얻기 위하여 은혜의 보좌 앞에 담대히 나아갈 것이니라."(히 4:15~16)

　　주님께서 우리에게 품으신 긍휼하심으로, 주님은 우리 같은 죄인들과 똑같이 혹은 더 큰 시험을 받으셨기에 우리를 긍휼히 여기실 수 있는 분입니다. 그래서 우리가 주님의 긍휼하심에 의지할 수 있고, 또한 우리의 생명의 은인이신 주님을 위해, 주님처럼 살아야 할 의무가 생깁니다. 바로 이것이 긍휼이 주는 시험입니다. 부자만 긍휼할 수 있는 것이 아니라, 이런 점에서는 아무것도 가진 것이 없는 가장 가난한 자라도 예수님을 닮아 긍휼할 수 있습니다. 이제부터라도 우리가 주님을 닮아, 주님의 긍휼하심의 도구가 되어야 합니다.

인간이 실제로 하나님의 도구가 되는 것입니다. 하나님이라는 무한한 뜻을 위해 사용되는 도구가 되는 것입니다. 그때 우리가 가장 먼저 해야 할 일은, 하나님 앞에서 자기 의지를 완전히 버려야 합니다. 어쩌면 이것만큼 두려운 다른 일은 없을지도 모릅니다.

한편, 전지하고 전능하신 분만큼 철저하도록 고통스럽게 시험당하는 방법을 아는 사람은 아무도 없습니다. 고문을 당하는 사람이 바로 죽지 않고 얼마나 오래 버틸 수 있는

지 확인하기 위해, 고문하는 중에 의사가 입회하여 확인해 온 것이 사실이라고 알려져 있습니다. 이때, 의사의 실수로 인해 고문을 당하는 사람이 의사의 눈앞에서 사망하는 일도 발생할 수 있습니다.

그러나 전지전능한 분께는 그런 일이 절대 발생하지 않습니다. 물론 고문을 당하는 사람이 더 오래 버틸 수 있도록, 그래서 고문하는 자가 더욱 고통스럽게 오랫동안 고문하며 괴롭게 하려고, 견딜 수 없는 고통 가운데 의식을 잃은 사람을 다시금 깨우고 여러 번 다시 살릴 수 있는 최악으로 잔인한 방법도 여러 가지가 있어 왔다고 우리에게 알려져 있긴 합니다. 고문당하는 사람은 고문을 받을 때마다 생명의 심지가 점점 짧아지면서 죽음에 점점 가까워지지만, 만일 고문 당하는 사람이 전지전능한 존재라면 이야기는 달라집니다. 고문당하는 사람이라도 매 순간 완전히 새로운 힘을 제공받아 오히려 생명에 더욱 가까워질 것입니다.

그러나 그런 일도 고통입니다. 이런 모든 고통에도 불구하고 이것을 뛰어넘어 하나님의 도구가 된다는 것은 하늘 상급이 기다리는 가장 위대한 일이지만, 그래도 사도에게는 한 가지 부담스러운 일, 꼭 한 가지 의무가 있습니다. 즉, 주님께 항상 감사해야 할 의무, 무한한 은혜에 항상 감사해야 할 의무가 있습니다. 심지어는 굶주리면서도 감사해야 하다니요! 어쩌면 부자의 상에서 떨어지는 부스러기를 먹어야 했던 나사로의 입장도 이와 같은 것이 아니었을는지요? 그러나 나사로에게는 여기에 또 한 가지의 의무가 부과됩니다. 그런 가장 비극적이고 비참한 상황에서도 하나님을 진실로 사랑하는 것입니다. 아, 우리를 비롯한 다른 많은 사람이 하나님을 사랑하는 방식을 위해, 그 모범이 되기 위해, 그분의 도구로 사용되기 위해서 말입니다!

오늘날 사람들은 기적만을 원합니다. 그래서 주님의 일을 한다고 하는 사람들이 많은 사람의 관심을 받고, 주님께서 쓰시는 도구로 여김받기 위해, 사람들 앞에서 수많은 기적을 행합니다. 치유의 은사, 예언의 은사, 통변의 은사 등

하나님께서 자기들에게 값없이 주신 여러 가지 선물을 활용하여 사람들에게 존경받고 영광 받는, 영적 권위와 권세를 누립니다. 그들이 행한 놀라운 많은 기적을 보면서 많은 크리스천들이 그들에게 열광하며 따릅니다. 하지만 그들 중 과연 얼마나 많은 사람이, 주님께서 먼저 가신 고난의 자리, 긍휼의 자리를 뒤따라갈까요?

심지어 어떤 사람들은 기적은 이 세대에 더 이상 필요하지 않다고 말하기까지 합니다. 더 이상 기적이 필요하지 않을 만큼, 이적과 기사들로 사람들을 모아 전도하고 교세를 확장해도 되지 않을 만큼, 기독교는 이미 최고로 발전하고

성장했다는 것이지요. 초대 교회에서는 수많은 사람이 오직 그리스도를 믿는 것 하나 때문에 모진 핍박을 당했으며, 또한 그것 때문에 기적 없이는 생명조차 보존할 수 없는 상황이었지만, 오늘날은 기독교인들이 더 이상 핍박을 당하지 않는 환경이기에 기적 역시 필요가 없어졌다고 말합니다. 문명이 발달하지 못한 시절에나 기적은 필요했고 또한 받아들여졌지만, 문명이 발달할수록 기적은 인간의 이성과 지성으로 설명할 수 있기에 더 이상 기적일 수 없다고도 말합니다.

이런 관점에서 기적을 대하는 사람들을 두 부류로 나눌

수 있습니다. 한 부류는, **복음은 믿지만 복음 때문에 당할 수밖에 없는 고난은 완벽히 제거하고, 삶 가운데 오직 기적만 일어나기를 원합니다.** 많은 은사를 받기 원하고, 받은 은사로 기적을 베풀며 모든 영광과 찬사를 다 받습니다. 그러나, 예수님의 고난의 자리에 가지 않으며 고난을 겪는 자들과 함께 하지 않습니다. 다른 한 부류는, 내 삶에 **고난도 원하지 않고, 더불어 기적까지도 제거하기를 원하는 사람들입니다.** 복음으로 인해, 복음 때문에 고난 겪는 것을 원치 않을 뿐 아니라, 그만큼 기적과도 거리가 먼 삶을 사는 '지식인들'입니다. 이 사람들에게 과연 긍휼이 존재할 수 있을까요?

긍휼을 행하지 않는 사람에게 긍휼 없는 심판이 있을 것이지만(약 2:13), 긍휼히 여기는 자는 긍휼히 여김을 받게 될 것입니다(마 5:7).

주님은 긍휼하시기 위해 고난을 당하셨다.

전능하신 분께 이것은 스스로 만든

고문이 아닐 수 없다.

고난 없는 긍휼 없고, 긍휼 없는 기적 없다.

그러므로 고난 없는 기적 없다.

에필로그

누가 진정 불쌍한 사람이라고 생각하십니까? 이 책을 다 읽고 난 후, 여러분의 생각은 처음과 같습니까, 아니면 바뀌었습니까? 장발장, 코제트, 팡틴과 같은 부류의 사람들이 불쌍한 사람입니까, 아니면 자베르가 진정 불쌍한 사람입니까? 부자의 상에서 떨어지는 부스러기를 먹고 살았던 나사로가 불쌍한 사람입니까, 아니면 부자가 불쌍한 사람입니까?

대다수 사람은 장발장 혹은 코제트와 팡틴처럼 이 세상에서 가난하고 비참한 삶을 사는 사람들이 불쌍하므로 그들에게 긍휼을 베풀어야 한다고 생각합니다. 부자의 상에서 떨어지는 부스러기를 먹고 사는 나사로를 향해 긍휼한 마음을 품어야 한다는 것입니다. 물론, 이런 생각이 틀렸다고 말하는 것이 아닙니다. 맞는 말입니다. 또한 이 세상에서 필요한 일입니다. 세상에서 힘들고 가난하고 비참하게 사는 사람들에 우리가 긍휼한 마음을 품어야 합니다. 주님께서도 오병이어로 5천 명을 먹이고도 남는 기적을 베풀었을 때, 그들을 불쌍히 여기셨기 때문이라고 성경 말씀에 분명히 나옵니다.

그러나, 문제는 이것만 강조할 때 발생할 수 있다는 것입니다. 이런 긍휼만 강조할 때, 우리가 빠질 수밖에 없는 오류는, 가진 자만이 긍휼할 수 있다는 착각입니다. 그러나 복음은 관점을 달리하고 있습니다. 영원에서 진정 불쌍한 사람은 장발장, 코제트, 팡틴과 같은 사람들이 이 아니고, 용서와 사랑에 무지했던 자베르가 불쌍한 사람이라는 것입니다. 오직 재물만을 자신의 존재와 가치로 여기는 부자야말로 거지보다 무한히 불쌍한 자입니다. 만약 이런 관점에 우리가 동의한다면, 누가 누구를 향해 긍휼할 수 있어야 하는 건가요? 나사로야말로 부자를 향해 긍휼할 수 있어야 하는 것 아닌가요? 장발장이야말로 자베르를 향해 긍휼해야 하는 것 아닌가요? 바로 이런 긍휼을 저는 말하려고 했습니다.

어떤 것이 더 완전한 긍휼입니까? 가진 자가 가난한 자들을 향해 긍휼할 때, 이것이 더 완전한 긍휼입니까? 아니면 아무것도 줄 수 없는 자가 가진 자들, 즉 유한한 것에 풍요로운 자들을 향해 긍휼한 것이 더 완전한 긍휼입니까?

부자가 가난한 자를 향해 긍휼할 때, 분명 긍휼 없는 자선이 아닙니다. 가난한 자들에 긍휼할 때 부자는 많은 것을 베풀 수 있습니다. 하지만 가난한 자가 세상에서 비참하게 살아갈 때, 긍휼 없는 자선을 받은 것으로 인해 그의 심령이 상할 때, 가진 자들의 동정을 받는 것이 다른 무엇보다 끔찍할 때, 그런데도 가진 자들을 향해 긍휼할 수 있다는 것, 이것은 얼마나 어려운 일인가요? 그때, 아무것도 줄 수 없는 긍휼을 베풀 때, 그들도 주님처럼 자기를 제물로 드린 것 같지는 않습니까? 하지만 이 세상에서 가지지 못한 자들의 긍휼은 아무도 말하는 사람이 없기에, 심지어 기독교 안에서도 무시되고 있기에, 세상에서 가장 긍휼할 수 있는 자임에도 아무것도 할 수 없고 줄 수 없는 사람으로 취급당하고 있는 것은 아닌지요?

주님께서 초기에 사역하실 때, 먹는 문제로 바리새인들이 시비를 건 적이 있었습니다. 사건은 주님께서 세리 마태의 집에서 세리와 죄인들과 함께 모여 식사한 것 때문에 발생했습니다.

"예수께서 마태의 집에서 앉아 음식을 잡수실 때에 많은 세리와 죄인들이 와서 예수와 그의 제자들과 함께 앉았더니, 바리새인들이 보고 그의 제자들에게 이르되 어찌하여 너희 선생은 세리와 죄인들과 함께 잡수시느냐? 예수께서 들으시고 이르시되 건강한 자에게는 의사가 쓸데없고 병든 자에게라야 쓸 데 있느니라. **너희는 가서 내가 긍휼을 원하고 제사를 원하지 아니하노라 하신 뜻이 무엇인지 배우라.** 나는 의인을 부르러 온 것이 아니요 죄인을 부르러 왔노라 하시니라."(마9:10~13)

주님은 긍휼의 사역을 실천하러 오신 분이었습니다. 주님께서 품으신 긍휼이, 가난한 자를 부하게 만들고, 비참한 자들의 환경을 개선하는 것과 같은 어떤 대단한 능력 행하는 것에 있지 않았습니다. 오히려, 주님께서는 낮은 자리에서 그저 긍휼하심으로 그들의 고통과 함께하셨던 것입니다. 오직 그때만 기적은 일어났습니다.

주님께서는 주님의 원수들을 향해서도 긍휼했습니다. "저가 남을 구원하였으니 만일 하나님이 택하신 그리스도

이면 자신도 구원할지어다!"(눅 23:35)라면서 십자가에 달리신 주님을 비웃고 희롱할 때, "아버지 저들을 사하여 주옵소서. 자기들이 하는 것을 알지 못함이니이다."(눅 23:34)라고 말할 때, 주님은 심지어 적들을 향해서도 긍휼하신 것이 맞지 않나요? 이것이야말로 진정한 긍휼이요 완전한 사랑이 아닙니까?

문제는 오늘날 기독교가 더 이상 고난을 원치 않는다는 것입니다. 그러나 고통받는 자들은 여전히 많습니다. 고난의 자리에서 동참하지 않는데 긍휼의 실천이 가능할까요? 고난 없이도 기적은 홀로 가능하다고 생각하십니까? 가진 자들에게 베풀기 전에 먼저 긍휼하라고 가르치지 않는데 어떻게 긍휼을 실천할 수 있을까요? 진정 불쌍한 자가 누구인지에 관한 관점이 세상의 그것과 다르지 않은데 어떻게 주님 닮은 진정한 긍휼을 실천할 수 있겠습니까? 적어도 크리스천이라면 먼저 영원의 관점부터 적용해야 하는 것이 아닌가요?

감사　번역서 및 단행본 출간을 위한 '카리스 아카데미'

안녕하십니까? 카리스 아카데미 대표 이창우 목사입니다. 지난 3년은 저에게 특별한 해였음을 고백합니다. 홀로 공부하면서 고독한 시간을 보냈으나, 전혀 알지 못하는 독자들과 동역자들을 만났기 때문입니다. 또한, 키르케고르의 1848년의 작품인 《기독교 강화》를 네 권의 시리즈로 출간을 시작하여 현재 10권 이상의 책을 출간하였습니다. 이 모든 것은 저에게 기적 같은 하나님의 은혜임을 고백합니다.

저는 15년 이상을 키르케고르 작품을 연구하면서 번역한 글을 한국에 소개하고 싶은 열망에 많은 출판사에 기획 출판을 의뢰하였으나 번번이 거절당했습니다. 책을 출판하고자 하는 열망에 이렇게 직접 출판사를 설립하고 키르케고르의 작품을 출판하기에 이르렀습니다. 하지만 《이방인의 염려》를 출간하면서 어려움을 겪었습니다. 책을 출판하고 싶었으나 경제적 어려움으로 더 이상 책을 낼 수가 없었습니다. 그러던 중 텀블벅 펀딩을 알게 되었고, 펀딩을 통해 지금까지 책을 출판할 수 있었습니다. 책을 출판할 수 있도록 도움을 주신 후원자들과 독자들에게 감사드리고, 또한 하나님께 감사와 영광을 올려 드립니다.

설립추진 지속적인 연구 인프라를 위한 '연구소 설립'

이제 본격적으로 연구 인프라를 확보하기 위해 카리스 아카데미를 법인으로 전환하고 부설 연구소를 설립하게 되었습니다. 난해한 작품을 홀로 연구하기란 상당히 어려운 일입니다. 하지만 연구자들이 함께 모여 연구할 수 있는 생태계를 구축하면 조금 더 수월하게 협력할 수 있습니다. 이 과정을 통해 다양한 연구 결과물이 나올 수 있으리라 예상할 수 있습니다.

먼저, 키르케고르의 번역서 전체를 출간하는 것을 목표로 합니다. 뿐만 아니라, 2차 자료 및 성경공부 교재 출간도 병행할 예정입니다. 현재 이 사역을 위해 함께 할 동역자를 확보한 상태에 있습니다. 이 일이 가능할 수 있도록 많은 관심과 기도 부탁드립니다.

설립목적 연구자 양성을 위한 연구 인프라 구축

국내 키르케고르 작품 연구는 기독교 배경이 아닌 중국이나 일본보다도 훨씬 뒤쳐진 상태입니다. 거의 연구 인프라가 형성되지 않는 상태입니다. 특히, 기독교와 관련된 연구 인력은 거의 전무하거나 개인적으로만 연구하고 있는 실정입니다. 따라서 연구소의 설립 목적은 함께 협력하여 연구를 수행할 뿐 아니라, 다양한 분야에 학제간 연구를 수행할 수 있는 연구원을 양성하는 것을 목적으로 합니다. 키르케고르의 작품이 다양한 분야에 영향을 끼쳤으나, 무엇보다 연구소는 기독교와 신학과 관련된 연구에 더욱 박차를 가할 것입니다.

연구원 소개

번역 연구팀

오석환 연구소장

캄보디아 리서치 센터(Cambodia Research & Resource Center)의 대표 이며 한인 미국 글로벌 선교 협회(Korean American Global Mission Association)의 설립자. 1991년부터 2008년까지 캘리포니아에서 아시아계 미국인 교회인 오이코스 커뮤니티 교회를 다섯 개 세웠다. UC 버클리에서 철학을 전공하였고, 풀러 신학 대학원에서 신학 석사와 선교학 박사를 마쳤다. 2018년 영국의 옥스퍼드 선교학 센터(Oxford Centre for Mission Studies) 에서 박사학위를 받았으며 캄보디아 프놈펜 왕립대학에서 철학을 가르쳤다. 저서로는 《히어링》(규장), 《느헤미야 리더십》(두레출판), 《기도로 이끄는 삶》(Wipf & Stock) 등이 있고, 역서로는 《새와 백합에게 배우라》가 있다.

윤덕영 연구원

영남대에서 심리학을, 장로회신학대학에서 신학(M.Div.)을 전공했으며, 한국학중앙연구원 한국학대학원에서 종교학(Ph.D.) 전공으로 키르케고르와 다석 유영모의 실존 사상을 연구하여 2009년에 박사학위를 취득했다. 미국 유니온 신학교(VA)에서 교환학생을 지냈고, 웨스트민스터 신학교(CA)에서 개혁신학을 접했으며, 세인트올라프 대학(MN)에서 키르케고르 연구원으로 지냈다. 현재는 파주 삼성교회 위임목사로 섬기고 있다. 무엇보다 한국에 키르케고르를 소개하기 위해 한국 키에르케고어 학회의 맡은 바 사명을 감당하고 있다. 역서로는 2018년 홍성사에서 출간된 《신앙의 합리성》이 있고, 이번 번역 프로젝트로 《성찬의 위로》와 《새와 백합에게 배우라》를 공동 번역하였다.

최정인 연구원

2001년 미국 뉴올리언즈침례신학대학원에서 교회사 전공으로 영국일반침례교회 발생 역사를 연구하여 철학박사(Ph. D.) 학위를 받았다. 2000년부터 루이지애나주 배톤루지의 한인중앙교회 담임목사로 섬기며, 2009년부터 뉴올리언즈침례신학대학원(NOBTS)과 미드웨스턴침례신학대학원(MBTS)에서 교회사 객원교수로 사역하고 있다. 성경과 교회사와 신학를 중심으로 기독교의 핵심 진리를 연구하고 전하는 일을 통하여 하나님의 왕국 사역에 매진한다. 역서로 《신자들의 교회》와 《탈기독교 세계의 예배와 선교》가 있다.

교재 개발팀

나원규 연구원

광주교육대학교에서 초등교육을 전공했다. 2000년부터 초등교사, 경기도교육청 교원전문직원으로 재직하며 경험한 다양한 교육적인 소양을 활용하여, 「카리스아카데미」의 '키르케고르 번역서를 출판하는 사역'과 '교회학교 성경 공부를 위한 교재 출판 사역'을 돕고 있다. 일반인들과 자라나는 세대의 눈높이에 맞추어, 키르케고르 저서 내용을 「키르케고르 철학 교육과정」으로 재구성하여 하나님의 말씀에 순종하며, 행복한 삶을 누릴 수 있는 방법을 전파하기 위하여 노력하고 있다. 하나님의 말씀에 기반한 키르케고르 실존주의 철학을 가르치고 배우는 「키르케고르 철학 학교」 설립을 준비하고 있다.

이상보 연구원

서울대에서 종교학을, 침례신학대학교에서 신학(M.Div)을 전공했으며, 미국 사우스웨스턴침례신학교에서 신약학으로 신학석사(Th.M)를 마쳤고, 조직신학으로 박사과정을 수료했다. 학부시절 르네 지라르를 처음 접하고, 침례신학교 신대원 시절 "르네 지라르의 희생양 메커니즘과 기독교의 본질"이라는 제목의 졸업논문을 쓴 바 있다. 성경과 신학과 그리고 여타의 학문을 통해 진리를 탐구하고, 하나님의 은혜 가운데 진리의 길을 묵묵히 걸어가기를 소망한다. 현재, 제주제일침례교회 협동목사로 섬기고 있으며, 역서로는 《폭력의 계보학》이 있다.

이창우 연구원

충남대학교에서 회계학을, 침례신학대학교에서 신학과 종교철학을 전공했다. 새로운 세대를 세우는 하나님의 사명자로서 교회에 바른 방향을 제시하고, 변질되어 가는 복음의 정체성을 회복하는 데 노력하고 있다. 19세기 초에 복음과 교회의 변질을 우려했던 키르케고르 강화집을 알기 쉽게 지속적으로 소개하고자 한다. 저서는 키르케고르의 사상을 다룬 《창조의 선물》, 역서 키르케고르의 《스스로 판단하라》, 《자기 시험을 위하여》, 《이방인의 염려》, 《고난의 기쁨》, 《기독교의 공격》, 《성찬의 위로》, 《새와 백합에게 배우라》가 있다.

연구소 후원자가 되어 주십시오

후원 방법

첫째, 미션펀드를 통해 정기 후원자가 되어 주십시오.

- 아래 링크를 통해 1만원 이상 정기후원 등록해 주십시오.
- 미션펀드 링크: https://go.missionfund.org/1404

둘째, 카리스 아카데미를 통해 일시 후원자가 되어 주십시오.

- 아래 계좌로 입금해 주시면 됩니다.
- 농협은행 351-1310-9627-33 예금주: 카리스 아카데미

셋째, 카리스 아카데미를 통해 후원이사가 되어 주십시오.

- 후원이사가 되어주실 분은 미리 연락을 주시기 바랍니다.
- 내부적으로 회의를 거쳐 후원이사로 선출됩니다.
- 농협은행 351-1310-9627-33 예금주: 카리스 아카데미
- 한국 키르케고르 연구소: (044) 863-1404
- 이메일: truththeway@naver.com
- 이창우 목사: 010-4436-1404